교회를 살리는

탁월한 장로, 집사, 권사

교회를 살리는 탁월한 장로, 집사, 권사

2024년 12월 20일 초판 1쇄 인쇄
2024년 12월 25일 초판 1쇄 발행

지은이 | 양현표
펴낸이 | 박영호
펴낸곳 | 도서출판 솔로몬

주소 | 서울시 동작구 사당로 143
전화 | 599-1482
팩스 | 592-2104
직영서점 | 596-5225

등록일 | 1990년 7월 31일
등록번호 | 제 16-24호

ISBN 978-89-8255-633-3 03230

2024 ⓒ 양현표
Korean Copyrigh ⓒ 2024
by Solomon Publishing Co,. Seoul, Korea

신 저작권법에 의하여 한국 내에서 보호받는 저작물이므로 무단전재와 복제를 금합니다.

교회를 살리는 탁월한 장로, 집사, 권사

● 양현표 지음

솔로몬

머리말

2021년 12월, 큰 목적 없이, 단지 과거 목회하던 시절에 사용한 자료가 아깝다고 생각되어, 혹여 누구에겐가 도움이 될 수도 있을 듯하다 싶어, 그 자료를 잘 정리하여 『교회를 살리는 탁월한 직분자』라는 직분자 훈련용 작은 책을 출판하였다. (어떤 교회에서는 이 책의 제목을 줄여서 『교탁직』이라고 부른다.) 그런데 이 책의 반향은 상당히 컸다. 놀랍게도 출판된 지 2년이 채 못 되어 3쇄 인쇄를 한 것이다. 이 일로 인해 나는 교회 현장에서는 직분자 교육을 위한 자료가 크게 필요하다는 사실을 알게 되었다. 이 일 후에 나는 직분자 교육을 위한 더 구체적이고 실제적인 책의 출판을 계획했다. 즉, 장로와 안수집사, 그리고 권사에 관한 각론을 쓰려고 계획한 것이다. 물론 자료는 충분했다. 왜냐하면, 이민목회 14년 동안 거의 모든 교육 자료를 직접 제작하여 사용했기 때문이다. 하지만 교수로 살면서 책을 저술하는 작업을 병행하기가 쉽지 않았다. 결국, 큰 결심을 하고 시간을 내어 자료를 정리하고, 그 자료를 신학적으로 검토했다. 그리고 지나치게 평이하지도 않은, 그렇다고 지나치게 학구적이지도 않은 수준의 글을 쓰기 시작했다.

"교회란 무엇인가"라는 질문은 모든 그리스도인에게, 특별히 목회자들에게, 대단히 중요한 질문이다. 사실 "교회가 무엇인가"

라는 질문에 대한 답에 따라 교회의 모습이 결정되고 목회자의 목회 색깔이 결정된다. 이 질문에 대한 답을 "교회론"이라고 한다. 교회론이 불확실하면 교회 자체가 흔들린다. 교회론이 확실하게 정립된 교회와 목회자는 그 방향이 분명하고 자원의 집중력이 강해져 효율적이면서 강한 교회가 된다. 그런데 교회론은 "정통적 교회론"과 "상황적 교회론"으로 나뉜다. 그리고 이 두 가지가 서로 조화되어야 한다. 정통적 교회론이란 이론적 체계로서 4세기 기독교 공인으로부터 16세기 종교개혁 시대까지 정립된 정통 교회론이다. 하지만 이 정통 교회론만으로 충분하지 않다. 당연히 정통적 교회론을 불변의 진리로 여기고 교회의 기초로 삼아야 하지만, 그러나 한 가지 더 고려해야 할 점은, 시대마다 요구하는 교회의 모습이 다르고 지역마다 요구하는 교회의 모습이 다르다는 사실이다. 즉 교회는 시대적 그리고 지역적 사명이 있다는 소리이다. 따라서 그 시대가 요구하는 교회의 모습이나 그 지역이 요구하는 교회가 되기 위한 교회론이 필요하다. 이것을 가리켜 나는 "상황적 교회론"이라 부른다. 결국, 정통적 교회론과 상황적 교회론이 잘 어우러져야 교회가 교회다울 수 있다. 그런데 정말로 중요한 사실은 이러한 건강한 교회론은 철저하게 교회의 중직자라 칭해지는 장로와 안수

집사 그리고 권사에 의해 결정된다는 것이다. 이 책은 그러한 중직자의 자세와 삶을 다루는 책이라 하겠다.

나의 아버지는 목사이셨다. 지금은 90세가 넘으신 연로한 원로목사이시며, 지금까지도 나를 위해 기도하시는 영원한 나의 후원자이시다. 그분에게 물려받은 무형의 재산은 내가 감당했던 목회와 지금 감당하고 있는 교수 사역의 밑바탕임을 부인할 수 없다. 언젠가 아버지는 목회에 입문하는 나에게 다음과 같은 말을 하셨다. "버릴 성도는 없다. 언젠가는 유용하게 사용한다." 아버지의 이 말은 목사라는 자의식이 생긴 이래 지금까지 내 마음에 남아 있는 중요한 목회 철학이다. 건축자의 버린 돌이 모퉁이 돌이 되었다는 성경 말씀을 조금만 확장하여 목회현장에 적용한다면, 버릴 돌로 보이는 그 누구라도 잘 훈련하고 준비시키면 그가 교회의 머릿돌 같은 중직자가 될 수 있다는 말이 아니겠는가? 이 책이 그러한 중직자가 되게 하는 훈련의 도구가 되기를 희망한다. 그 누구도 이 책에 기록된 모든 조건과 자격을 갖춘 자가 될 수 없다. 그 누구도 완성된 중직자로 태어나지 않는다. 그러나 모든 이가 "건설되는 과정의 집"이라는 사실을 깨닫고 인내하면서 이 책의 내용을 조금씩 적용해 간다면, 사명 감당하는 중직자가 될 수 있을 것이다.

이 책의 제목은 『교회를 살리는 탁월한 장로, 집사, 권사』이다. 먼저 출판한 『교탁직』의 후속 출판물이다. 『교탁직』 머리말에 있는 부분을 빌려와 이곳에 다시 한번 적으려고 한다. 이 책의 특징은 이 책을 갖고 교육하는 교육자에게 해석과 적용의 권한을 부여한다는 것이다. 교육자는 교재 안의 활자화된 내용보다 훨씬 더 많은 실제적 내용을 가르칠 수 있을 것이다. 즉, 교재 안의 내용을 기초로 하여 각 교회의 형편에 따라 교육자가 적용하여 가르칠 수 있다는 의미이다. 그래서 이 책에는 내용에도 여백이 많고 실제 편집에서도 여백이 많다. 각 목회현장이 독특하고 다른데, 획일적인 내용과 획일적인 적용을 요청한다는 것은 억압이나 다름없을 것이다. 이 책은 중직자나 중직 후보자를 훈련하는 목회자에게 적용하는 재량권을 부여한다는 큰 장점이 있다.

　이 작은 중직자 훈련 교재가 나오기까지 도와주신 많은 분께 감사를 드린다. 출판의 가치가 있다고 격려해준 동료 교수들과 모든 성구를 꼼꼼히 검토해주고 또 추가해준 아내 정봉실에게 고마운 마음을 표한다. 기꺼이 이 책을 출판해 주신 솔로몬 출판사의 박영호 장로님과 편집부에 심심한 감사를 드린다. 무엇보다도 이 책을 출판할 수 있게 해준 과거 내가 목회했던 교회의 성도들에게 진심으로 감사한다. 목회지를 떠난 지 벌써 10년이 넘었다. 그런데 세월이 지날수록 그때 그 교회 없이는 오늘의 나는 없었을 것이라는 생각이 가중된다. 교회는 목사가 목사 되도록 함이 분명하다. 교부들은 "목사 없이 교회는 없다"라고 했다지만, 나는 "교회 없이 목사 없다"라고 말하고 싶다. 과거 내가 목양했던 교회에 진심으로 감사한다. 이제는 아주 연로해지셨거나 혹은 이미 하나님 나라에 가신 그때의 장로님들, 집사님들, 그리고 권사님들께 이 지면을 통해 진심으로 감사한다. 동시에 이 중직자 훈련 교재를 쓸 수 있도록 무형의 자산을 물려주신 양경용 목사님과 김삼임 사모님께 감사를 드린다.

2024년 10월
깊어가는 가을에
총신대학 양지 캠퍼스 연구실에서
양현표 교수

차 례

머리말

1부 | 서론 • 15

1. 평신도 직분자가 왜 필요한가? 17
2. 직분자에는 어떤 종류가 있는가? 20
3. 하나님께서는 어떤 사람을 직분자로 부르시는가? (1) 23
4. 하나님께서는 어떤 사람을 직분자로 부르시는가? (2) 26
5. 하나님께서는 어떤 사람을 직분자로 부르시는가? (3) 29
6. 교회 정치제도란 무엇인가? 32
7. 장로교회란 어떤 교회인가? (1) 34
8. 장로교회란 어떤 교회인가? (2) 36

2부 | 장로란 누구인가 • 39

1. 장로란 누구인가? 41
2. 장로 직분은 어떻게 발전하였는가? (1) 44
3. 장로 직분은 어떻게 발전하였는가? (2) 46
4. 장로 직분은 어떤 위치와 기능의 직분인가? (1) 48
5. 장로 직분은 어떤 위치와 기능의 직분인가? (2) 50

6. 장로와 목사의 관계는 어떠한 관계인가? 52
7. 장로가 목사를 어떻게 협력할 수 있는가? 55
8. 장로 직분은 어떤 사람이 맡는가? 58
9. 장로 직분의 성경적 자격은 무엇인가? - 개인적 성품 (1) 60
10. 장로 직분의 성경적 자격은 무엇인가? - 개인적 성품 (2) 63
11. 장로 직분의 성경적 자격은 무엇인가? - 개인적 성품 (3) 65
12. 장로 직분의 성경적 자격은 무엇인가? - 가정적 요소 (1) 68
13. 장로 직분의 성경적 자격은 무엇인가? - 가정적 요소 (2) 70
14. 장로 직분의 성경적 자격은 무엇인가? - 지도력 73
15. 장로 직분의 성경적 자격은 무엇인가? - 사회성 (1) 76
16. 장로 직분의 성경적 자격은 무엇인가? - 사회성 (2) 79
17. 장로 직분의 성경적 자격은 무엇인가? - 거룩 (1) 81
18. 장로 직분의 성경적 자격은 무엇인가? - 거룩 (2) 84
19. 장로 직분의 성경적 자격은 무엇인가? - 일정 기간의 신앙 연조 87
20. 장로 직분의 성경적 자격은 무엇인가? - 교만해지지 않음 89
21. 장로 직분을 내려놓을 수 있는가? 92
22. 장로 직분 - 총결론 94

3부 | 집사란 누구인가? • 97

1. 집사란 누구인가?　99
2. 성경에 기록된 최초의 집사들은 누구인가?　101
3. 집사란 무엇을 하는 직분인가?　104
4. 장로교 헌법에 나타난 집사의 임무는 무엇인가?　106
5. 어떤 종류의 집사 직분이 있는가?　108
6. 집사 직분은 어떤 사람이 맡는가?　110
7. 디모데전서 3:8-12에 나타난 집사의 자격은 무엇인가? (1)　112
8. 디모데전서 3:8-12에 나타난 집사의 자격은 무엇인가? (2)　115
9. 디모데전서 3:8-12에 나타난 집사의 자격은 무엇인가? (3)　118
10. 집사 직분을 잘 감당하면 어떤 결과가 있는가?　121
11. 집사 직분에 대한 오해들은 무엇인가?　123
12. 집사 직분을 내려놓을 수 있는가?　125
13. 성경에 나와 있는 안수집사의 모델이 누구인가? (1)　127
14. 성경에 나와 있는 안수집사의 모델이 누구인가? (2)　129
15. 성경에 나와 있는 안수집사의 모델이 누구인가? (3)　131

4부 | 권사란 누구인가? • 135

1. 권사란 누구인가? **137**
2. 한국교회의 권사 직분은 어떻게 시작되었는가? **140**
3. 어떤 사람이 권사 직분을 맡게 되는가? **143**
4. 권사 직분에는 어떤 종류가 있는가? **146**
5. 권사 직분자가 해야 할 일이 무엇인가? (1) **148**
6. 권사 직분자가 해야 할 일이 무엇인가? (2) **150**
7. 권사 직분자가 해야 할 일이 무엇인가? (3) **152**
8. 권사가 심방 시 주의해야 할 사항은 무엇인가? **155**
9. 권사 직분을 내려놓을 수 있는가? **157**
10. 성경에 나와 있는 권사의 모델이 누구인가? (1) **159**
11. 성경에 나와 있는 권사의 모델이 누구인가? (2) **161**
12. 성경에 나와 있는 권사의 모델이 누구인가? (3) **164**

부록 • 167

1부
서론

평신도 직분자가 왜 필요한가?

1. 효과적인 교회 공동체

1) 교회는 유기체적 몸으로서 어느 한 사람의 노력과 능력으로 건강해질 수 없다.
2) 목사 혼자 일하는 것은 하나님께서 원하시는 방법이 아니다.
3) 하나님이 주신 은사들이 모일 때 효과적인 목회를 할 수 있다.

2. 교회성장

1) 하나님은 교회가 성장하기를 원하신다.
2) 직분자 지체들의 활발한 움직임은 몸 전체의 성장을 가져온다.
3) 직분자가 필요하다는 이유는 교회가 그만큼 성장했고 조직 강화의 필요성이 생겼다는 좋은 징조이다. 직분자를 세움으로 교회가 더 성장하고 더 견고해짐을 의미한다.

3. 목사의 은사와 능력의 한계성

1) 모든 종류의 은사가 주어진 목사는 이 땅에 없다.
2) 목회자는 다른 사람의 도움과 후원이 필요하다.
3) 하나님이 사용하신 사람들이 일하는 방법은 대부분 그들이 다른 동역자의 도움을 받았다는 공통점이 있다.

4. 목회영역의 확장

1) 교회의 목회영역은 평신도 리더가 만들어짐에 따라 확장된다. 아무리 하고 싶은 목회 사역이 있다 하더라도 그 사역을 위한 사람이 준비되지 않으면 할 수 없다.
2) 평신도 직분자가 많으면 그만큼 다양하고 큰 목회영역으로 나아갈 수 있다. 하나님은 사람을 통하여 일하신다. 따라서 교회는 할 수만 있으면 각종 은사에 따른 신실한 직분자를 필요로 한다.

5. 직분자 개인의 신앙 성장과 성숙, 그리고 교회에 대한 책임감 향상

1) 직분자 개인의 성장이 직분의 본질적 필요성은 아니지만, 그러나 직분을 맡음으로 인해 그 직분에 걸맞은 사람이 된다.
2) "짐이 힘이 된다"라는 말이 있다. 교회에서 어렵고 힘들지만 직분을 감당하려 할 때 그만큼의 성장과 열매를 경험할 수 있으며, 결과적으로 직분자 본인에게 매우 유익함이 있다.
3) 직분이 개인의 영적 성장에만 도움이 되는 것은 아니다. 리더십

의 능력이 커지고 경영과 행정 능력이 향상되어 실제로 유능한 리더가 된다.

> 불행하게도 많은 교회에서 평신도가 잠을 자고 있다. 엄청난 저력을 가진 거인이 힘을 쓰지 못하고 있는 것이다. 물론 어느 교회나 열심히 헌신하는 약간의 평신도 그룹이 있다. 그들의 봉사가 얼마나 귀하고 아름다운 것인가는 그들을 통해 지금까지 한국교회에 내려주신 하나님의 은혜를 보아 알 수 있다. …… 우리는 지금 잃어버린 성경적 평신도상을 다시 회복하는 용기와 노력을 필요로 하는 시대에 살고 있다. 이 일을 위해 교회 지도자 된 우리는 할 수 있는 모든 노력을 다 기울여야 할 것이다. 교회 안에서 평신도가 잠들어 있으면 그 교회는 세상을 위해 아무것도 할 수 없는 무력한 집단으로 잔락하고 말 것이다. 다가오는 예측 불허의 세기를 교회가 책임지기 위해서는 평신도를 깨우는 것 외에 다른 길이 없다는 사실을 깊이 인식해야 한다.
>
> — 옥한흠, 『평신도를 깨운다』 중에서

2

직분자에는 어떤 종류가 있는가?

1. 특정직(창설직/폐지직, extraordinary office)

1) 사도, 선지자, 복음전하는 자가 특정직 직분이다. 예수님의 말씀을 직접 들었으며, 예수님의 부활을 목도했고, 성경을 기록했으며, 특별한 이적을 행했던 직분을 말한다.

2) 영속적인 직분이 아니라 단회적이고 한시적인 직분이었다. 교회의 출발을 위해 하나님께서 특별하게 사용한 직분이며 교회의 시작이 완성된 후에 사라진 직분이다. 이 직분은 현재는 더 이상 존재하지 않는다.

3) 일부 비정통적인 교회에서는 현재도 사도나 선지자가 존재한다고 믿고 스스로 사도와 선지자로 칭하는 경우가 있는데, 이는 명백한 비성경적 견해로서, 완성된 성경 외에도 얼마든지 계시가 주어질 수 있음을 주장하는 반성경적 견해이다.

2. 항존직(ordinary office)

1) 목사, 장로, 안수집사가 항존직 직분이다. 교회가 존재하는 한 항상 있어야 하는 직분이다.
2) 안수받음을 통해서 직분에 장립된다.
3) 한국교회에서는 권사라는 직분이 있어서, 항존직으로 인정되고 있으며, 안수받지 않고 직분에 취임하고 있다. 권사는 한국교회만의 형편에 의해 만들어진 직분이다.
4) 항존직이란 의미는 종신직이란 말로 받아들여진다. 하지만 항존직과 종신직의 의미는 매우 다르다. 항존직은 직분 그 자체에 관심을 두는 것이며, 종신직은 직분을 맡은 사람에게 관심을 두는 것이다. 예를 들어 장로 직분은 이 땅에 교회가 존재하는 동안은 존속한다고 보는 관점에서 항존직이다. 그러나 한번 장로가 되면 그가 세상을 떠날 때까지 장로라고 믿는 관점에 의하면 종신직이다. 과연 장로 직분은 항존직인가, 아니면 종신직인가, 아니면 항존직이자 동시에 종신직인가? 교회는 항존직이란 의미를 바로 인식하고 항존 직분을 활용해야 한다.

3. 임시직(temporary office)

1) 임시직은 교파와 교단에 따라 매우 다양하다. 대체로 "교회 형편에 따라" 만들어진 1년 임기의 교회 모든 직분이 임시직에 해당한다. 교회는 다음과 같은 경우에 임시직을 세워 활용할 수 있다.

① 항존직을 세울 수 있는 교회 규모가 아닐 때

② 항존직만으로 교회를 꾸려나가기 어려울 때

③ 차기 교회 지도자를 양성하려 할 때

④ 유능한 여성 지도자들을 활용하고자 할 때

2) 전도사, 전도인, 서리집사 권찰 등이 임시직 직분에 해당한다. 대한 예수교장로회 합동 교단은 권사를 임시직으로 분류하고 있다.

4. 준직원

1) 준직원은 "직원에 견줄만한 직원"이란 의미로 예비직원을 말한다.

2) 강도사(어느 교단에서는 준목이라 부른다)와 목사후보생이 준직원에 해당한다.

3) 강도사는 강도사 고시에 합격한, 강도권 인허를 받은 자를 말한다. 곧 목사로 안수 받을 사람이다.

4) 목사후보생은 목사가 되기 위해 일정 교단에 소속되어 신학을 공부하는 신학생을 의미한다. 흔히 목사후보생을 전도사라 부른다.

3

하나님께서는 어떤 사람을 직분자로 부르시는가? (1)

1. 기억해야만 하는 사실이 있다

1) 직분자는 교인들에 의해 선출되거나 교회가 임명한다. 그러나 그 직분자의 권위는 그를 선출하거나 임명한 사람들에게서 오는 것이 아니라 (이것이 세상이 말하는 민주정치이다) 교회의 머리이신 예수님으로부터이다. 이것이 세상 직분자와 교회 직분자 간의 차이이다.

2) 교회 직분자를 세우는 과정에 있어서 모든 교인은 예수 그리스도의 도구 역할을 하고 있다 하겠다. 교인들이 선출하지만, 그 권위는 하늘로부터 온다. 즉 예수님께서는 그의 권위를 직분자에게 부여하여 교회를 다스리신다.

3) 이러한 성경적 원리를 인식한다면, 교회 직분자를 세우거나 교회 직분에 나아감을 어찌 경솔히 행할 수 있겠는가? 직분자는 교회의 흥망성쇠를 결정한다.

4) 하나님께서 찾는 사람은 마음이 좋은 사람, 열심이 있는 사람, 전략적인 사람, 그리고 배우고자 하는 사람이다. 그런데 이 네 가지가 특성은 가시적 신앙 태도와는 관련이 없는, 사람의 성품과 관련이 있음이 의미심장하다.

2. 하나님께서는 마음이 좋은 사람을 찾으신다(삼상 16:7; 시 51:6; 계 2:23)

1) 하나님께서 일꾼으로 선택하실 때 사람의 마음을 보신다. 사람의 재능이나 능력을 보시는 것이 아니라 영적인 상태를 보신다. 소위 말해 경건한 마음의 소유자이다. 경건은 외형이 아니라 마음의 상태로 결정된다. 경건한 마음은 하나님과 사람을 깊이 사랑하는 겸손한 마음이다(마 22:37-40).

2) 하나님께서 사용하신 사람들을 보면, 그들은 하나님만을 향하는 경건한 마음을 갖고 있다. (삼상 16:7; 행 13:22; 대상 28:9; 대하 19:3; 왕하 22:19; 느 9:8; 살전 2:10)

3) "하나님께서는 자주 그들의 사전 준비나 훈련과는 상관없이 종들을 선택하시고, 그리고 훈련시키셨다는 사실을 보는 것은 흥미 있는 일이다. 하나님께서 사용하시기 위해 선택하시는 사람들은 일반적으로 그들의 마음의 조건과 예민함을 기초로 해서 자격이 있었다."[1]

4) 하나님께서 찾는 직분자는 외형적인 경건의 모습보다는 그 마

---

1 Michale J. Anthony & James Estep, Jr. Eds, *Management Essentials for Christian Ministries* (Nashville: B & H Publishing Group, 2011), 23.

음(품성)이 좋은 사람이다. 실제로 지금의 신앙생활이 다소 미약하더라도 마음이 좋으면 신앙도 잘 정착하고 성장한다.

> 하나님은 사람을 통하여 일하시되 영적으로 준비된 사람을 통하여 일하신다는 사실이 중요하다. 지금도 사람들은 그 사람이 가지고 있는 외적 조건을 보고 일을 맡기지만, 하나님은 그 중심이 하나님을 향하여 있는 사람에게 일을 맡기신다. 사무엘은 엘리압의 용모와 신장을 보고 기름을 부어 왕을 세우려고 하였다. 그러나 하나님께서는 "내가 보는 것은 사람과 같지 아니하니 사람은 외모를 보거니와 나 여호와는 중심을 보느니라"(삼상 16:7)고 단호하게 거절하셨다. 그러고는 사울의 뒤를 이을 왕으로서 다윗을 선택하셨다. "내가 이새의 아들 다윗을 만나니 내 마음에 맞는 사람이라 내 뜻을 이루리라"(행 13:22)고 흐뭇해하셨다.
>
> — 황대식, 『좋은 권사되게 하소서』 중에서

하나님께서는 어떤 사람을 직분자로 부르시는가? (2)

3. 하나님께서는 열심이 있는 사람을 찾으신다(롬 12:11; 고후 9:2)

1) 직분자에게 있어서 열심보다 더 좋은 무기는 없다. 물론 지나친 열심이 교회의 덕을 세우지 못하는 경우도 더러 있지만, 그러나 열심은 하나님께서 직분자를 선택하는 중요한 조건이다.

2) 특별히 작은 일에 열심하는 헌신적인 자들에 의해 위대한 교회들이 세워지는 법이다. 열심이 없는 사람에게 위대한 일이 일어나는 법은 없다.

3) 열심은 대체로 옆 사람에게 전염된다. 전염은 설득으로 되는 것이 아니다. 그냥 전염된다. 따라서 열심이 있는 자가 직분자가 되면 그 교회는 매사에 열심 있는 교회가 된다.

4) 하나님께서는 열심이 있는 자를 찾아 직분자로 세우려 하신다. 심지어 사도 바울은 그리스도를 박해하는 데 열심이 누구보다도 컸다(빌 3:6). 하나님께서는 비록 잘못된 열심이었지만 그러나

그 열심을 갖고 있던 바울을 선택하여 사도로 삼으셨다.

4. 하나님은 전략적인 사람을 찾으신다(잠 15:22; 잠 20:18; 눅 14:28)

1) 전략적이어야 한다는 것은 이성과 지혜를 사용하여야 한다는 의미이다. "너희는 뱀같이 지혜롭고"(마 10:16)는 직분자들에게 전략이 필요함을 암시한다.

2) 전략이란 어떤 목표를 달성하기 위하여 주변 환경과 자원을 가장 효과적이고 효율적으로 사용하는 방법이라고 할 수 있다.

   ① 전략은 감기에 걸린 사람이 감기약을 언제 먹어야 하는지를 결정하는 것이다. 치료는 하나님이 하시지만, 인간은 그 감기약을 언제 어떻게 먹어야 하는지를 결정해야 한다. 이것이 전략이다.

   ② 마찬가지로 자라게 하고 열매를 맺게 하시는 분은 하나님이다. 그러나 언제 어디에 어떤 방법으로 씨를 뿌리느냐는 인간의 전략에 해당한다.

3) 종종 전략을 세우는 것을 영적이지 않게 여기는 경향을 본다. 그러나 그것은 성경적이지 못하다. 하나님은 전략적인 분이시다. 예수님은 전략적인 분이셨다. 하나님이 사용하시는 사람들의 공통된 특징은 그들이 매우 전략적인 사람들이었다는 것이다. 성경은 인간 구원을 위한 전략을 보여 주는 책이다.

4) 전략적이란 말은 지혜롭다는 말과 동일한 의미이다. 많은 사람이 단지 열심만 있을 뿐 지혜가 없기에 자기 의에 빠지고 독선

적으로 되며 교회의 덕을 세우지 못한다. 직분을 무조건 열심과 충성으로만 감당한다는 생각은 단순한 생각이다. 열심과 더불어 직분자에게 필수적인 것이 바로 지혜이다. 믿음 좋다는 교인들이 종종 전략과 지혜를 인간적 "술수"로 여긴다. 그러나 지혜와 술수는 다르다. 하나님께서는 이성을 사용하여 지혜롭게 행하는 사람을 찾으신다.

> **효과적인 평신도 리더 그룹이 필요한 이유**
> ① 교회가 성장하기 위해서이다. 하나님은 교회가 성장하기를 원하신다. 각 지체의 활발한 움직임은 몸 전체의 성장을 가져온다.
> ② 목사의 은사와 능력의 한계성 때문이다. 모든 종류의 은사가 주어진 목사는 이 땅에 없다. 목회자는 다른 사람의 도움과 후원이 필요하다.
> ③ 목회의 범위를 확장하기 위해서이다. 목회는 리더가 만들어짐에 따라 확장된다. 기초를 넓게 다지면 넓은 집을 지을 수 있다. 리더 그룹이 넓으면 그만큼 다양하고 큰 목회영역으로 나아갈 수 있다

하나님께서는 어떤 사람을 직분자로 부르시는가? (3)

5. 하나님께서는 배우고자 하는 사람을 찾으신다(빌 3:12-13)

1) 배우고자(Teachable) 하는 사람은 수용적(Acceptable)이고 융통성(Flexible)이 있는 사람이다. 하나님께서는 자신의 부족함을 인정하고 그 부족함을 메꾸기 위해 배우려고 하는 사람을 찾으신다. 이러한 사람은 겸손한 사람이고 타인의 생각이나 가르침을 받아들일 마음의 여백을 가진 사람이다.

2) 고집불통의 완고한 사람은 교회의 덕을 세우기보다는 오히려 교회의 분란을 일으키기 쉽다. 자신의 경험, 지식, 우주관, 판단력 등에 절대성을 부여하여 자기 생각대로만 하려는 자는 교회의 지도자가 되어서는 안 된다.

3) 배우고자 하지 않는 사람은 변화되지 못한다. 모두가 불완전하지만, 그러나 어제보다는 오늘이, 작년보다는 올해가 조금이라도 성장하고 성화하는 것이 필요한데, 배우고자 하지 않는 사람

은 그렇지 못한다. 하나님은 조금씩이라도 성장하고 성화하는 사람을 찾으신다.

4) 배우고자 하지 않는 사람은 생각이 바뀌지 않는다. 판단력이 고정되어 있다. 시대를 읽지 못한다. "성경대로" 혹은 "보수신앙"을 자기 고집을 꺾지 않는다는 의미로 해석한다. 때문에 그의 주변에는 사람이 머물지 못한다. 그러한 사람이 교회의 지도자가 되면 그 교회는 세상에서 아무런 영향을 끼치지 못하게 된다.

6. 하나님은 자의식(self aware)이 있는 사람을 찾으신다

1) 하나님은 죄인 됨에 대한 자의식이 있는 사람을 찾으신다. 스스로가 죄인이라는 자의식이 있어서 용서받고 구원받았다는 감사와 감격이 있는 자를 찾으신다. 여기서부터 겸손이 시작된다.

2) 자신의 성격과 기질에 대한 자의식이 있는 사람을 찾으신다. 자기가 누구인지, 자신의 연약성이 무엇인지, 무엇이 부족하고 무엇이 장점인지를 알고 있어야 효과적으로 하나님의 일을 수행할 수 있으며, 시행착오를 줄일 수 있다. 교회 안 거의 모든 문제는 자기 자신에 대한 자의식이 없는 직분자들에 일어난다.

3) 시대에 대한 자의식이 있는 사람을 찾으신다. 시대를 분별하고 문화를 분별하여 이 시대에, 이 상황 속에서 하나님의 뜻이 무엇인지를 깨닫고 세월을 아끼는 자를 하나님은 찾으시고 사용하신다.

하나님께서 일꾼을 선택하신 방법

1. 하나님은 신비적인 방법으로 선택하셨다. 아브라함, 모세, 기드온, 선지자들

2. 하나님은 기술과 능력을 보고 선택하셨다. 브살렐과 오홀리압 (출 36:1)

3. 하나님은 순종과 신실함을 보고 선택하셨다. 사울 왕을 버리시고 다윗을 선택

4. 하나님은 겉모습으로 선택하지 않으셨다(삼상 16:7)

5. 예수님은 기도 후에 제자들을 선택하셨다(눅 6:12-16). 그리고 3년이라는 훈련 기간을 가지셨다. 바울도 부르심 받은 후에 훈련 과정을 필요로 했다(갈 1:17)

6. 그러나 이 모든 경우에 있어서 공통된 점은 하나님께서 마음의 상태(heart condition)를 보았다는 점이다. "하나님께서는 자주 그들의 사전 준비와 훈련과는 상관없이 종들을 선택하고 훈련시키셨다는 사실을 보는 것은 흥미 있는 일이다. 하나님께서 사용하시기 위해 선택하시는 사람들은 일반적으로 그들의 마음의 조건과 예민함을 기초로 해서 자격이 있었다."

교회 정치제도란 무엇인가?

1. 교회 정치제도의 정의

1) 교회를 다스리는 정치적 구조를 교회 정치제도라 한다.
2) 이러한 교회 정치구조는 공적인 법으로 규정되어 있어야 한다. 때로 이 법은 비공식적이고 문자화되지 않은 전통 법까지도 포함한다.
3) 교회 정치제도는 기독교 역사 속에서 다양하게 발전되어 왔다. 교회 정치제도의 구분은 교회를 다스리는 치리권이 어디에 혹은 누구에게 있는가이다.

2. 교회 정치제도의 종류

1) 감독교회 정치제도

　① 예수 그리스도께서 감독(성직자)에게 모든 교회 치리를 위임한 것으로 믿고, 감독이 교회 정치를 독점하는 정치제도이다.

② 가톨릭과 성공회, 감리교와 성결교가 감독 정치제도에 의한 정치구조이다. 물론 감리교나 성결교의 감독 정치제도는 감독의 사도 전승을 인정하지 않는다는 차원에서 가톨릭의 감독 정치제도와 다르다. 감리교나 성결교는 감독이 행정적 조직적 체계일 뿐, 계급적 체계가 아니라고 주장한다.

2) 회중교회 정치제도

① 각 교회는 상호 독립한 완전한 교회이며, 교회의 모든 기본권이 모든 개교회 회원들에게 평등하게 주어졌다고 믿는 정치제도이다.

② 침례교회의 정치 형태이다.

3) 장로교회 정치제도

① 교회의 기본권이 일반 교인에게 있지만, 교회 정치는 교인들에 의해 선출된 장로에 의해 이루어지는 정치제도이다.

② 장로교회 정치제도는 당회, 노회, 대회, 총회라는 피라미드식 구조로 되어 있다.

4) 이 외에도 세분화할 경우 다양한 교회 정치제도를 볼 수 있으며, 교회 정치제도의 불필요성을 주장하는 퀘이커교회나, 교회를 국가 내의 한 기관으로 여기는 에라스티안파 정치제도(독일, 스코틀랜드, 영국 등에서의 국가 교회) 등이 있다.

장로교회란 어떤 교회인가? (1)

1. 장로교회의 기원

1) 장로교회는 16세기 종교 개혁으로부터 시작되었다.

2) 장로교회의 출발을 도운 사람들

　① 쯔빙글리(Huldrych Zwingli, 1484-1531)

　② 부처(Martin Bucer, 1491-1551)

　③ 불링거(Heinrich Bullinger, 1504-1575)

　④ 칼빈(John Calvin, 1509-1564)

　⑤ 낙스(John Knox, 1514-1572)

2. 장로교회의 기원과 발전

1) 16세기 종교개혁자들, 특별히 칼빈에 의해 체계화된 장로교는 유럽 개혁교회의 주축을 이루었으며, 특히 영국, 스코틀랜드, 아일랜드를 통해 발전되었다. 17세기에 영국을 비롯한 유럽 사람

들의 미국 이주로 인해 미국 장로교의 뿌리가 내려졌다. 따라서 미국의 장로교는 실제로 강력한 유럽 전통의 뿌리를 갖고 있으며, 여러 세기 동안 교리적 혹은 정치적 분열과 합병을 거듭하였다.

2) 한국의 장로교회는 미국의 남장로교회, 북장로교회, 그리고 캐나다의 연합장로교회의 영향을 받아 그 흐름이 결정되었으며, 1876년 이응찬이 만주에서 세례를 받고 성경 번역에 착수한 때부터 시작된 것으로 본다. 선교의 역사는 1884년 H. G. 언더우드와 H. N. 알렌이 인천에 도착한 날부터 시작되었으나, 장로교의 정신이 구체적으로 정착되기 시작한 것은 1891년 "네비우스 선교 방법"이란 선교원칙을 적용한 뒤부터이다. 이 방법은 자립선교, 자립정책, 자립수급이라는 삼 원칙이며, 이 원칙에 의해 장로교의 기본적인 방향을 설정함으로써, 장로교회는 급속도로 성장하게 되었다.

장로교회란 어떤 교회인가? (2)

1. 장로교회의 특징

1) 실제적인 장로교회의 출발은 칼빈으로부터 시작되었다. 하지만 교회 역사 속에서 여러 종류의 장로교회로 분화되어 발전하였다.

2) 장로교회라는 명칭은 헬라어 "프레스비테로스"에서 비롯되었으며, 그 의미는 "장로"라는 의미이다(행 11:30; 14:23; 딤전 5:17, 19; 딛 1:5; 벧전 5:1, 5).

3) 대의민주주의, 간접민주주의 정치 형태이다. 교회의 기본 권리는 모든 교인에게 있지만, 교회의 다스림은 교인들에 의해 선출된 장로들에 의해 이루어진다. 장로교회 정치제도의 핵심은 "하나님께서 그 권세를 위임한 장로가 교회를 다스린다"이다.

4) 신앙 표준은 웨스트민스터 신앙고백과 교리문답, 그리고 사도신경이다. 하지만 신앙과 삶의 절대적 표준은 하나님의 말씀인

성경에 두고 있다.

2. 장로교회 정치제도의 장점과 단점

1) 민주적이다. 초대교회 정치제도로써 성경적이다. 그러나 교회의 치리를 담당하는 영적 체계가 아닌 대의원제도로 변질될 수 있다.
2) 두 종류의 장로 간에 상호 보완하며 동시에 견제가 가능한 제도이다. 그러나 분열과 권력 게임의 현장이 될 수 있다.
3) 하나님의 뜻을 가장 잘 발견할 수 있는 정치제도이다. 그러나 영향력 있는 사람에 의해 하나님의 뜻이 굴절될 수 있다.
4) 교회 내의 질서를 확립하는 제도이다. 그러나 계급적, 명령적 제도가 됨으로써 여러 문제가 발생할 수 있다.

2부

장로란 누구인가?

장로란 누구인가?

1. 구약성경에 나타난 장로

1) 연장자(원로)

　① 창 50:7 "바로의 모든 신하와 바로 궁의 원로"

　② 민 11:16, "이스라엘 노인 중에 네가 알기로 백성의 장로와 지도자가 될 만한 자"

　③ 신 25:7, "그 성문으로 장로들에게로 나아가서"

2) 백성의 대표자

　① 출 24:1, "이스라엘 장로 70명" (출 24:9, 민 11:24-25)

　② 신 27:1, "모세와 이스라엘 장로들이"

　③ 삿 8:14 "장로들 칠십칠 명을" (왕상 21:11)

3) 지도자

　① 출 3:16, "너는 가서 이스라엘 장로들을 모으고"

　② 레 4:15, "회중의 장로들이 여호와 앞에서"

③ 신 31:28, "너희 지파 모든 장로와 관리들을"

4) 구약성경에 나타난 장로는 한 마디로 다스리는 권위와 대표자로서의 권위를 가진 지도자이었다고 할 수 있다. 이러한 장로 역할은 고대 근동 문화에 따라 어느 정도 나이를 먹은 원로급들이 감당하였다.

2. 신약 성경에 나타난 장로

1) 교회 내의 지도자 직분

　① 행 14:23, "각 교회에서 장로들을 택하여 금식 기도하며"

　② 딛 1:5 "내가 너를 그레데에 남겨둔 이유는 … 각 성에 장로들을 세우게 하려 함이니"

　③ 행 20:17, "에베소로 보내어 교회 장로들을 청하니" (행 15:2, 6, 22, 23, 16:4)

　④ 행 11:30; 딤전 5:17; 약 5:14; 벧전 5:1

2) 사도들에 대한 또 다른 호칭

　① 벧전 5:1, "너희 중 장로들에게 권하노니 나는 함께 장로 된 자요."

　② 요이 1:1, "장로인 나는 택하심을 받은 부녀와 그의 자녀들에게 편지하노니"(요삼 1:1)

3) 신약의 교회는 구약성경에 나타난 장로 직분의 전통을 수용하여 처음부터 장로를 교회의 직분으로 삼았다. 장로들에 의해 지역 교회들이 목양 되었던 것이다. 초기 교회 시대에는 "장로" 직

이 매우 포괄적이었다. 사도도 장로였고, 가르치는 자도 장로였고, 행정적 책임자도 장로였다.

> **신약성경 속의 장로제도**
>
> 장로제도는 초대교회 당시에는 보편적이며 일관성 있는 치리 형태이었다.
>
> ① 유대와 그 인접 지역에 있던 교회들에 장로가 있었다(행 11:30; 약 5:14-15).
>
> ② 예루살렘에 있는 교회를 장로들이 다스렸다(행 15장, 21장).
>
> ③ 바울이 세운 교회들 가운데 더베, 루스드라, 이고니온, 안디옥에 있던 교회들(행 14:20-23), 에베소에 있던 교회들(행 20:17; 딤전 3:1-7, 5:17-25), 빌립보에 있던 교회들(빌 1:1), 그리고 그레데 섬에 있던 교회들(딛 1:5)을 장로들이 인도하였다.
>
> ④ 여러 지역에서 널리 읽혔던 베드로전서에 의하면, 소아시아의 북서쪽 일대, 즉 본도, 갈라디아, 갑바도기아, 아시아, 비두니아에 있던 교회들에도 장로들이 있었다(벧전 1:1, 5:1).
>
> ⑤ 데살로니가(살전 5:12)와 로마(히 13:17)에 있던 교회들에도 장로들이 있었다는 증거들이 있다.
>
> — 알렉산더 스트라우치, 『성서에 나타난 장로상』 중에서

장로 직분은 어떻게 발전하였는가? (1)

1. 사도 시대 장로 직분의 분화

1) 처음에는 장로(감독) 직분은 하나였는데, 이러한 장로 직분에 대한 구분이 생겨났다. 즉 목사 장로((pastor-elder, bishop, overseer)와 평신도 장로(lay-elder)로 나뉘었다는 것이다.

2) 사도 시대가 끝나기 전에 이미 교회 안에는 목사, 장로, 집사라는 세 직분이 자리를 잡았다.

2. 종교개혁 시대와 그 이후 장로 직분

1) 중세 시대에서는 가톨릭 사제주의의 구축으로 인해 장로 직분의 가치와 기능이 약화하였다. 종교개혁 시대에 장로 직분이 다시 자리를 잡았다.

2) 종교개혁 이후 각 개신교 교회는 성경적 기초 위에서 나름대로 장로 직분을 비롯한 교회의 직분을 정착시켰다.

2) 특별히 칼빈에 의해 정착되고 발전한 장로교회는 장로 직분에 대한 보다 구체화된 이론을 구축했다.

3. 장로 직분의 재발견

1) 칼빈은 신약 성경에 나타난 초대교회에 관한 기록에서 장로교 정치제도를 발견하였다. 초대교회 사도들은 그 당시 회당이나 산헤드린 공회에 오랜 역사로 존재했던 장로 제도를 자연스럽게 교회의 정치제도로 받아들였음이 분명하다고 칼빈은 말했다.

2) 칼빈이 장로교회의 성경적인 근거로 인용한 대표적인 성경 구절은 ① 롬 12:8("다스리는 자는 부지런함으로"), ② 고전 12:28("다스리는 것과") ③ 딤전 5:17("잘 다스리는 장로들은 배나 존경할 자로 알되")이었다.

3) 칼빈은 위의 성경 구절을 근거로, 하나님은 "다스림"의 권세를 특별한 사람들에게 위임하셨다고 생각했으며, 목사와 더불어 도덕의 견책과 권징의 임무(재판권)를 가진 장로 직분의 성경적 기원을 발견했다.

4) 교인들이 장로를 선출하지만, 그러나 장로의 다스리는 권위와 위엄은 예수 그리스도에게서 온다. 오늘날 장로를 단지 교회 내 각 그룹의 대표자로 여기는 경향의 진보적 장로교회도 있지만, 이러한 모습은 원래 장로교회의 모습이 아니라 하겠다.

장로 직분은 어떻게 발전하였는가? (2)

4. 두 종류의 장로

1) 칼빈은 디모데전서 5:17을 통해 말씀 사역하는 장로(감독/목사)와 다스리는 사역의 장로로 구분하였다.

2) 칼빈은 장로 직분을 감독(목사)을 돕는 사역으로 인정했다. 초대 교회에서 장로는 행정과 치리에 있어서 중추적인 역할을 감당했지만, 여전히 감독(목사)을 보필하는 고문이요 원로였음이 분명했다. 이러한 성경적 상황을 근거로 칼빈은 장로는 "목사와 함께" 사역한다는 것을 전제로 했다. 칼빈은 "감독 없이 교회 없다"(No Bishop, No Church)는 초대 교부들의 교회론을 따랐다.

3) 칼빈은 감독(목사) 중심의 교회 체제를 선호하였지만, 그러나 장로정치제도를 통해 교회 정치에 평신도가 참여하는 문을 열었다. 이것이 장로 정치제도의 진정한 의미다. 1400년간 성직자들에 의해 다스려졌던 교회를 탈피하여, 평신도가 다스림에 참여

할 수 있도록 하여 진정한 성경적 교권을 확립하려 한 민주적인 제도가 장로교회이다.
4) 칼빈은 말씀과 성례에 관련된 사역을 감독과 장로들에게 국한했다.

> 칼빈은 제네바교회 안에 목사, 교사, 장로, 집사의 4개 항존직을 제정했다. 하지만 교회의 직분을 계급화하는 어떤 시도도 배척했다. 직분은 하나님이 주신 은사대로 섬기는 것이지 계급이 아니기 때문이다. 목사의 은사를 받은 사람은 목사의 직분으로, 교사의 은사를 받은 사람은 교사의 직분으로, 장로의 은사를 받은 사람은 장로의 직분으로, 집사의 은사를 받은 사람은 집사의 직분으로 섬기는 것이다. 이런 의미에서 모든 직분은 평등하다고 말할 수 있다. 하지만 하나님이 주신 은사와 맡기신 사명의 영역이 다르기 때문에 그것에 따른 권위와 명예는 분명히 차이가 있다.
>
> — 진지훈, 『장로교회의 큰 물줄기』 중에서

장로 직분은 어떤 위치와 기능의 직분인가? (1)

1. 장로는 자신의 위치와 본분과 질서를 잘 지켜야 한다

1) 장로(목사 포함)의 위치 망각과 월권은 하나님의 교회를 혼란스럽게 한다.

2) 장로의 일을 못 해도 문제이고, 너무 지나쳐 장로의 본분을 넘어서도 문제이다.

3) 장로는 단지 당회의 멤버로서 교회 내 교인들의 여러 계층에서 선발된 대표자가 아니다. 오늘날 진보적 장로교단에서는 장로를 단지 교회 내 각 계층의 대표자로, 즉 젊은이 대표자로, 장년의 대표자로, 혹은 여성의 대표자로 여기는 경향이 있는데, 이것은 성경이 말하는 장로의 위치를 세속화하는 것임이 분명하다.

4) 성경이 말하는 장로의 위치는 다음과 같다.

① 성경은 장로를 목자라고 말한다.

② 장로는 공동으로 교회를 책임지고 다스리는 자이다.

③ 장로는 성경이 말하고 있는 자격을 갖춘 자이어야 한다.

④ 장로는 교인을 섬기는 자이다.

2. 장로는 교회의 대표자나 주인이 아니다

1) 교회의 주인은 오직 예수 그리스도이시다.

2) 교회 정치 규례에 의하면, 장로는 교인의 대표자이요(평신도에 속한 하나님의 종), 목사가 교회의 대표자(하나님의 특별한 부르심을 받은 성직자로서의 하나님의 종)이다.

3) 교인의 대표자란 교인의 의무를 잘 감당하는 것을 전제로 한다. 즉 교인의 모범이 된다는 차원에서 교인의 대표자이다. 지키는 것(교인의 모범)을 전제로 한다.

3. 장로 직분의 주된 임무는 다스림이지만, 그러나 본질적으로 목양하는 직분이다

1) 흔히 장로 직분을 행정적 직분으로 여기고 뭔가를 결정하는 직책으로 여기는데, 이것은 장로 직분의 중요한 기능이긴 하지만 본질적 기능은 아니다.

2) 장로 직분의 본질적 기능은 목양이다. 사도행전 20:28은 장로의 본질적 기능을 잘 말해주고 있다.

3) 장로 직분의 본질적 기능은 성도들의 영적, 육적 필요를 돌아보고 제공하는 것이다. 즉 교회를 보살피는 것이다(행 20:28).

장로 직분은 어떤 위치와 기능의 직분인가? (2)

4. 장로 직분의 본질적 기능인 목양을 잘하기 위해서 장로는 다음과 같은 자세를 지녀야 한다

1) 성령의 인도와 도움을 요청해야 한다.

2) 겸양의 미덕이 있어야 하며, 다른 장로와 한마음이 되어야 한다.

3) 자신과 다른 의견의 소유자도 성령이 역사하고 계심을 인정해야 한다.

4) 파수꾼의 역할을 감당해야 한다. (깨어있음, 주변을 잘 살핌, 시대를 분별)

5. 장로의 임무

1) 거짓 진리와 도덕적 타락이 교회 안에 들어오지 않도록 부지런히 교회를 돌아보아야 한다.

2) 치리자로서 교회 안의 교인들을 감독해야 한다.

3) 병든 자를 비롯하여 교인들의 가정을 심방하여 돌봐야 한다.

4) 교회 안의 신앙과 교리에 대해 무지한 자를 가르치고, 슬픔에 빠진 자를 위로하며, 교회의 자녀들을 양육하고 인도해야 한다.

5) 비신자를 전도하여 제자로 만드는 그 열정을 보임으로 교인들이 신뢰할 수 있는 모범이 되어야 한다.

6) 교인과 더불어 기도하고 그들을 위해 기도해야 한다.

장로의 지위

세상에 있는 존재나 천상에 있는 존재 모두에게는 창조주께서 정해 주신 자기 위치와 지위가 있다. 하고많은 별들까지도 모두 성좌가 있고 그들이 움직이는 노선이 있어서 거기로부터 탈선하면 큰 혼란과 파괴가 있다. 교회 안에서의 직분도 그러하다. 특별히 장로가 그 위치를 망각할 때 따라오는 결과는 가히 파괴적이라 하겠다. 장로는 다음 사항을 명심해야 한다.

① 장로는 교회의 주인이 아니다.
② 장로는 교회의 대표가 아니다.
③ 장로는 목사의 수족이 아니다.
④ 장로는 목사를 감독하는 감독자가 아니다.
⑤ 장로는 존경받는 직분만은 아니다.

— 최기채, 『장로가 장로에게』 중에서

장로와 목사의 관계는 어떠한 관계인가?

1. 장로와 목사의 건강한 관계는 교회 전체의 건강을 위한 필수적인 요소이다

1) 장로와 목사의 불편한 관계로 인해 교회가 어려움에 직면한다.
2) 장로와 목사는 권력, 경쟁, 또는 견제의 관계가 아니다.

2. 목사와 장로의 관계와 역할에 있어서 잘못된 생각들

1) 장로는 목사의 수족에 불과하다.
2) 장로가 교회의 주인(대표자)이다. 장로(당회)는 목사의 감독자 혹은 고용주이다.
3) 목사는 설교만 하고 정치는 장로가 해야 한다. 목사는 영적인 일에만, 장로는 다스리는 일에만 집중해야 한다.
4) 목사와 장로는 모두 하나님의 종이니 교회가 목사 중심으로만 구성되어서는 안 된다.

3. 장로와 목사는 서로에게 필요한 관계이다

1) 목사 혼자서 지역 교회의 모든 목회 차원의 일들을 효과적으로 감독하고 집행하기란 불가능하다.
2) 목사는 목사의 역할을 바르고 효과적으로 수행하기 위한 협조적인 평신도 지도자가 필요하다. 그 평신도 지도자가 장로이다.
3) 장로는 목사를 보좌함으로 교회가 유지되고 성장하게 하며, 건강한 유기적 공동체가 되게 한다. 즉, 장로는 목사의 목회 기능을 강화하는 데 존재 목적이 있다고 하겠다.
4) 장로가 담임목사를 앞세우는 모습이 아름답고 건강한 교회의 모습이라 하겠다. 장로가 결정권이나 행정권에 있어서 목사보다 앞서가는 것은 바람직한 모습이 아니라고 하겠다. 장로는 목사의 영적 권위와 행정적 리더십 아래서 혹은 통해서 나아가는 것이 바람직하다.

4. 목사와 장로는 서로 간에 존중과 존경이 필요하다

1) 목사는 장로를 본인의 행정적 감독자로 여겨 장로를 존중하고 동역자로 여겨야 한다.
2) 장로는 목사를 영적인 스승으로 여겨 존경하고 예의를 지키며 그의 가르침과 조언과 의도를 인정하고 받아들여야 한다.
3) 건강한 교회가 되기 위해서 장로와 목사는 서로를 존중하고 서로에게 복종하는 모습이 필요하다.
4) 목사와 장로의 조합을 아름다운 모자이크 그림이라 하겠다. 모

자이크 한 조각 한 조각은 아름다움이 없지만, 그러나 조각들이 모여졌을 때 아름다운 한 폭의 그림이 되듯이, 목사와 장로 각자는 결함이 있지만, 그들이 하나로 모였을 때 하나님의 뜻이 더욱 선명히 드러나는 아름다운 그림이 된다.

5) 교회의 건덕과 평화를 위해 장로는 목사를 변호하고 목사의 방패 역할을 하는 것이 바람직하다. 때로 목사를 보호하려다 욕을 먹는 때도 있으나 이것을 두려워해서는 안 된다. 장로는 목사의 의견이 교회 안에서 공적으로 난상토론이 되지 않도록 해야 한다. 일반적으로 목사의 교회론과 목회철학이 그대로 적용되는 교회가 그렇지 않은 교회보다 건강하다. (물론 목사는 자신이 완전하지 않음을 인식하고 먼저 장로와 교인들의 의견을 존중하고, 교인들에게 흠 잡히지 않은 인격과 경건과 삶을 먼저 갖추어야 한다.)

장로가 목사를 어떻게 협력할 수 있는가?

1. 받들어 줌으로 협력한다

1) 예절을 지키고, 존경하고, 대접하고, 사랑하고, 이해하고, 그 수고를 인정함으로 받든다.
2) 목사가 하고자 하는 일이 잘되도록 받든다.
3) 목사를 위해 기도함으로 받든다.
4) 목사에게 협력하는 것이 하나님을 위한 일이라는 자세를 갖는다.

2. 선의의 견제로 협력한다

목사가 때로 비성경적으로, 인본주의로, 판단 착오로 기울어질 때 장로가 보여 주는 선의의 견제는 목사와 교회를 살리게 된다.

3. 예배에 있어서 협력한다

1) 예배 시간을 엄수하고, 경건한 예배 분위기 조장을 위해 노력한다.
2) 강단권과 예배 순서 확정 등에 있어서 직무의 범위를 준수한다.
3) 예배를 위한 영역에서 목사의 발전을 돕는다. 충분한 연구 자료와 시간, 그리고 환경을 조성한다.

4. 교회를 다스리는데 협력한다

1) 치리할 때 배석이 되어 준다(출 18:22).
2) 정치적으로 혹은 사회적으로 변호인이 되어 준다(출 3:16).
3) 교회의 사역에 있어서 재정적으로 협조한다(고후 9:1-15).

5. 사적인 영역에서 협력한다

1) 칭찬과 격려, 조언과 충고로 목사에게 힘을 불어 넣는다 (출 17:11).
2) 대내외적인 차원에서 목사를 세워줌으로써 좋은 명성을 유지하도록 선전한다.
3) 목사와 그 가족의 육신의 필요를 채워줌으로 생활에 부족함이 없도록 한다(빌 4:16-18).

6. 한국 장로교 헌법에 규정된 장로의 직무로서 목사를 협력하는 방법

1) 교회의 신령적 관계를 총찰한다.

2) 교리 오해나 도덕상 부패를 방지한다.

3) 교우를 심방, 위로, 교훈, 간호한다.

4) 교인의 신앙을 살피고 기도하되 설교의 결과를 찾는다.

5) 심방할 자를 목사에게 알린다.

> 장로들과 감독[목사]들은 반드시 구별되어야 한다. 이런 구별의 증거들은 다음과 같다.
> ① 감독의 직분을 가리키는 "장로"라는 명칭은 점차적으로 "감독"이라는 명칭을 통해 더 자세하게 묘사되고 대체되었다(행 20:28; 빌 1:1; 딤전 3:2; 딛 1:7; 벧전 2:25).
> ② 바울은 디모데전서 3장에서 직분들에 대해 언급한 후에, 여전히 디모데전서 5장에서 디모데가 교회의 다양한 회원들, 노인들과 젊은이들, 남자들과 여자들에 대해 취해야 할 관계를 가리킨다(벧전 5:5).
> ③ 속사도 교부들은 연장자들의 신분을 분명하게 말하는데, 이 신분은 교회 안에 있는 실재적인 직분자들과 나란히 지속되고 사람들은 공경함으로 이들에게 복종해야 한다.
> ④ 이런 구별을 수용하지 않는다면, 잘 알려진 본문, "잘 다스리는 장로들은 배나 존경할 자로 알되 말씀과 가르침에 수고하는 이들에게는 더욱 그리할 것이니라"(딤전 5:17)는 나중에 드러나게 하는 것처럼 이해하기 어렵다.
>
> – 헤르만 바빙크/박태현 역, 『개혁교의학』 제4권 402쪽에서

장로 직분은 어떤 사람이 맡는가?

1. 장로 직분은 그의 합당한 자격이 있어야 한다

1) 장로는 교회의 어른, 지도자, 치리자임으로 이 직에 취임하려는 자는 마땅히 거기에 적합한 자격을 구비해야 한다.

2) 아무에게나 함부로 장로직을 맡기는 것은 교회의 "신성성"을 훼손시킬 위험성이 있다.

3) 성경은 장로의 자격을 명시함으로 장로 직분자를 격려하는 한편, 부당한 동기와 방법으로 장로 직분을 탐하려는 자들을 경계하고 있다.

4) 장로 직분을 갖는 자는 무엇보다도 구원의 확신이 있는(거듭난) 성도이어야 한다.

2. 성도의 기본적 의무를 성실하게 감당하는 자

1) 성경을 있는 그대로 하나님의 말씀으로 받아들이는 자

2) 주일을 성수하는 자(사 58:13-14)

3) 헌금(십일조) 생활을 하는 자

4) 목회자를 존중하는 자(살전 5:12-13; 히 13:7)

3. 개 교회가 특별하게 규정한 자격을 갖춘 자

1) 해당 교회의 비전과 목표에 동의하는 자

2) 해당 교회의 존재 목적을 알고 그것을 위해 애쓰는 자

3) 기타 교회가 규정한 그 교회만의 특별한 자격을 충족시키는 자

4. 교회가 속한 교단의 헌법에 규정된 자격을 갖춘 자

1) 일정한 신앙 연조를 가진 자(딤전 3:6)

2) 성숙한 나이 (대체로 30세 이상)

3) 상당한 식견과 통솔력(신문 사설을 읽고 당회록을 기록할 수 있는 자)

5. 성경이 규정한 자격을 갖춘 자(딤전 3:1-7; 딛 1:5-9)

1) 개인적 성품(Personal Qualities)

2) 가정적 성품(Family Qualities)

3) 지도력(Leadership Qualities)

4) 사회적 성품(Social Qualities)

5) 영적 성품(Spiritual Qualities)

장로 직분의 성경적 자격은 무엇인가?
- 개인적 성품 (1)

1. 서론

1) 성경에 나타난 장로의 자격은 성품적 요소가 대부분임을 알 수 있다.

2) 장로 직분은 좋은 성품을 가진 자가 맡아야 한다. 좋은 성품은 그가 가진 능력이나 지도력과 관계가 없다.

3) 장로는 다른 사람과 같이 일해야 하고 성도를 보살펴야 하므로 건강한 인간관계를 맺을 줄 알아야 한다.

4) 건강한 인간관계를 위해 장로에게는 좋은 성품이 필요하다.

2. "제 고집대로 하지 아니함"(딛 1:7, not self-willed)

1) 장로 직분은 그 기능상 장로가 된 자에게 힘(결정권)과 특권을 가져다준다. 장로가 되면 그 힘과 특권을 자기의 방법대로 사용하려 하는 오류를 범할 수 있다.

2) 장로 직분을 갖게 되면 다른 사람의 충고나 비판을 들으려 하지 않고, 오히려 다른 사람을 비판하고 충고하려 하며, 다분히 권위적이고 관료적으로 될 위험성이 있다.
3) 장로는 고집스러워서는 안 된다. 자기를 기쁘게 하고 자기를 칭송하는 자기만족의 사람이 아니다.
4) 장로는 강직하기만 해서 융통성이 전혀 없는 사람이 아니다. 이러한 성품은 어렵고 복잡한 교회 일들을 무난하게 처리하는 데 어려움을 갖는다.
5) 자기의 뜻을 충분히 나타낼 줄 알아야 하지만, 그러나 자기가 동의하지 않는 다른 의견에 대해서도 이해할 수 있어야 한다.

3. "급히 분내지 않음"(딛 1:7, not quick-tempered)
1) 분노함은 장로 직분을 가진 자로서 절대적으로 금해야 하는 성품이다.
2) 장로는 그 직무를 수행하면서 때로 절망하고 스트레스를 받는다. 이러할 때 인내라는 좋은 성품이 필요하다.
3) 쉽게 분노하는 것은 장로의 성품이 아니다. 급한 성격은 능력이 있음에도 그의 능력의 효과성을 떨어뜨린다.
4) 자기감정을 다스릴 수 없는 사람은 장로가 될 수 없다. 어떤 사람은 쉽게 분노하고 심지어 욕설하거나 막 행동한다. 싸움꾼은 장로가 되어서는 안 된다. 하나님의 집에서는 싸움으로 문제를 해결할 수 없다.

5) 장로는 자신의 육체뿐만 아니라 모든 감정까지도 다스려야 한다. 의로운 분노까지도 할 수만 있으면 참아야 한다. 의로운 분노는 오직 예수님만이 하실 수 있는 영역이라고 보는 것이 합당하다.

> **하나님이 사용하시는 좋은 성품의 특성**
> ① 거룩함
> ② 순전한 마음
> ③ 통회하는 마음
> ④ 하나님을 두려워함
> ⑤ 충성
> ⑥ 하나님을 찾으며 사랑함
> ⑦ 주님의 종 된 자세
>
> — 헨리 & 톰 블랙커비, 『하나님께서 쓰시는 사람』 중에서

장로 직분의 성경적 자격은 무엇인가?
- 개인적 성품 (2)

4. "관용하며 다투지 아니하며"(딤전 3:3, gentle and peaceable)

1) 공격적이고 거친 성격의 소유자는 장로 직분을 갖기에 부적합하다. 왜냐하면, 사랑과 위로가 필요한 성도들을 보살피는 데에 어려움이 있기 때문이다.

2) 장로는 그의 일의 성격상 모든 종류의 사람들과 함께할 수 있어야 한다. 본인이 동의하지 않은 다른 사람의 의견이라고 할지라도 그것이 하나님의 말씀에 근거했다면 항상 열린 마음으로 경청하고 협력해야 한다.

3) 장로는 지도자이기 때문에 당연히 추진력이 있어야 한다. 그러나 그것이 성도들과 다툼이 되거나 덕을 세우지 못하는 경우가 되어서는 안 된다.

4) 장로는 힘으로 교회를 이끌어 가는 것이 아니라 예수 그리스도가 보여 준 겸손한 봉사(humble service)로 이끌어 가야 한다.

5. "술을 즐기지 아니하며"(딤전 3:3; 딛 1:7, not addicted to wine)

1) 장로는 술과 관련한 성경의 경고를 기억해야 한다(잠 20:1; 잠 23:29-35; 창 9:20-27).

2) 술은 감각을 둔하게 하고 판단력을 떨어뜨린다. 그렇기에 제사장들은 그의 임무를 수행할 때 술이 금지되었고(레 10:9), 나실인에게는 금주가 엄격한 규정이었다(민 6:3).

3) 성경의 지도자들이 술에 취했을 때의 비극적 결과들을 말하고 있다. 이스라엘의 지도자들이 술에 취한 결과를 말하고, 그것을 죄라고 말하고 있다(사 28:7; 사 56:9-12).

4) 장로는 모든 알코올음료를 완전히 삼가야 한다. 술에 취하고 안 취하고의 문제가 아니다. 장로라 한다면 어떤 경우에서도 음주하는 환경과 감정을 다스릴 줄 알아야 한다.

5) 일차적으로 술이 지목되었지만 넓게 보면 "나쁜 습관", 또는 "기호"(좋아하는 것, 중독증, 약) 등이 이 영역에 포함된다. 장로는 세상의 나쁜 습관에서 벗어난 성숙한 사람이어야 한다. 장로가 나쁜 습관을 갖고 있다면, 그는 장로의 직책(성도를 다스림, 목회) 수행에 있어서 결코 효과적일 수 없다. 그럴 뿐만 아니라 하나님 나라의 확장에도 장애가 된다.

6) 장로는 자신의 모든 육체적 요구를 (하나님에 의해 다스려지는) 정신과 의지로 조절할 수 있어야 한다.

11

장로 직분의 성경적 자격은 무엇인가?
- 개인적 성품 (3)

6. **"절제하며 신중하며 단정하며"**(딤전 3:2; 딛 1:8, temperate/self-control, prudent/sensible, and respectable or orderly)

1) "절제"는 모든 일에 있어서 과함이나 부족함이 없는 것을 말한다. 이는 정신이 건전하고 상식이 통해야 함을 말한다. 안정감 있는 삶을 말한다. 자제력을 말한다. 깨어 있음을 말한다. 술에 취하지 않은 상태를 말한다. 분명하고 선명하게 생각할 줄 아는 사람이다. 교회가 무엇을 해야만 하는 지식을 겸비한 지금이 어느 때인지를 분별할 수 있는 사람을 말한다(대상 12:32).

2) "신중"은 정상적이고 상식적인 바른 판단력을 말한다. 장로는 좋은 마음(good heart) 뿐만 아니라 좋은 머리(good head)를 가져야 한다. 신중한 사람을 말한다. 환상에 젖어 있거나 꿈속에 사는 사람이 아닌, 매우 현실적이고 깨어 있는 판단력을 가진 사람을 말한다. 막 5:15의 군대 귀신 들린 자가 고침을 받고 난 후,

옷을 입고 앉아 있는 상태를 말한다. 하나님의 눈으로 세상을 바라보는 능력이다(빌 4:8).

3) "단정"은 품위를 말한다. 장로는 다른 이에게 정돈되고 안정된 삶의 모습을 보여 주어야 한다. 안정되고 차분한 모습은 장로가 갖추어야 할 내면적 자질이다. 훈련되고 정리된 삶의 모습을 말한다. "조직성과 계획성 없이 이 일, 저 일을 혼동스럽게 벌리는 사람은 장로의 자질이 없다." 장로의 삶은 혼동(Chaos)이 아니다. 질서(Kosmos-이 단어에서 "kosmios"[아담]가 나왔다)있는 삶이다. 자신의 삶을 품위 있고 질서 있게 꾸미지 못하면서 어떻게 교회 일을 질서 있게 하겠는가?

7. 결론

1) 장로가 될 사람은 자제력과 신중성과 품위가 있어야 하며 술을 즐기지 않고 난폭하지 않고 온순하여 남과 다투지 말아야 한다.
2) 교회는 사회 속에 있는 하나님의 선교 기구이기 때문에 장로는 교회의 장로이기 전에 먼저 사회 속에서의 장로가 되어야 할 필요가 있기 때문이다.
3) 사회 속에서의 장로가 되어 있지 못한 사람이 교회 안에서만 장로가 되어서는 그 직무 수행이 곤란하다. 그렇기에 장로는 음주벽은 물론이요 혈기와 분쟁과 분노 등의 모든 육적인 충동을 자제해야 한다. 만일 장로가 술을 즐기거나 혈기를 자주 내거나 다투기를 좋아한다면 지도자의 위신을 상실하게 됨으로 장로의

직무를 수행하기가 어렵다.

> 아무리 예리한 도끼라 할지라도 그것이 주인의 손에 붙들려 있기를 싫어한다면 강하게 쓰임 받을 수가 없는 것이다. 아무리 역량과 수완이 없는 사람이라도 주님의 손에 붙들리며 능력 있게 쓰임 받을 수 있는 것이다. 그러나 오늘날 능력을 받기 위해 기도하는 사람은 많으나 하나님의 손에 붙들리기 위해, 아니 그의 손에서 잠잠히 순종하면서 기다릴 수 있기 위해서 기도하는 사람은 많지 않다.
>
> — 최기채, 『장로가 장로에게』 중에서

12

장로 직분의 성경적 자격은 무엇인가?
- 가정적 요소 (1)

1. 서론

1) 오늘날 가정을 파괴하려는 (비성경적인 가정의 모습을 추구하며, 그것을 인간의 선택과 권리로 보려 하는) 시도가 끊임없이 일어나고 있다.

2) 장로의 가정생활은 교회의 건강한 분위기에 큰 영향을 끼친다. 장로(영적 지도자)의 가정이 건강하면 교회가 건강해진다.

3) 장로의 가정은 질서 있는 가정이어야 한다. 질서 있는 가정은 각 가족의 성경적 역할이 살아있는 가정이다.

2. "한 아내의 남편"(딤전 3:2; 딛 1:6, "the husband of a wife")

1) 독신의 은사라고 확신하지 않는 이상 결혼하는 것이 성경의 가르침이지만, "한 아내의 남편"이라는 말씀을 장로는 반드시 결혼해야만 한다는 근거로 사용될 수는 없는 듯하다.

2) 성경에서 장로가 반드시 결혼해야만 한다는 규정을 발견하기가 어렵다. 바울은 미혼이었지만 스스로를 장로라 했다(벧전 5:1).

3) 결혼을 하느냐 마느냐가 이슈가 아니라 그 당시 범람하고 있던 일부다처제의 악습을 장로는 따라가서는 안 된다는 의미이다.

4) 장로는 가정과 결혼의 순결(sanctify of marriage and the home)을 지켜야 한다.

5) 장로는 합법적인 결혼으로 가정을 이룬 사람이어야 한다. 만약 사별로 재혼을 할 경우에도 합법적이어야 한다.

6) 만약 장로가 이혼했을 때는 장로 직분 수임이나 유지에 신중해야 하며, 이혼 문제가 합법적으로 해결된 이후 적어도 일정 기간의 자숙 기간(어느 교단 헌법에 나타나 대로 "수세 후 무흠 7년" 등의 규정 준수)을 가져야 함이 덕이 될 것이다.

13

장로 직분의 성경적 자격은 무엇인가?
- 가정적 요소 (2)

3. 순종과 믿음의 자녀(딤전 3:4; 딛 1:6, "children who believe, not accused dissipation or rebellion")

1) 장로의 자녀들은 신자이어야 한다. 자녀들의 삶에 있어서 책망할 것이 없어야 한다. 그들이 순종하는 모습의 아름다움과 가치를 배워왔어야 한다.

2) 간혹 장로의 자녀 중에 품행이 불량하여 사회의 빈축을 사는 일도 있고 신앙생활을 하지 않아 교인들의 손가락질을 받는 일도 있다. 이는 참으로 유감스럽고 안타까운 일이다. 어느 크리스천 부모가 자기 자녀들이 구약성경의 홉니와 비느하스처럼 되기를 원하겠는가?

3) 장로의 가정에서의 미성인 자녀가 신앙 안에서 제대로 양육되지 못하면 교회에 덕이 되지 못하는 것이 사실이다. 이러한 경우 장로직을 사양하는 것이 합당하며, 교회도 그러한 사람을 장

로로 추대하는 것을 당분간 보류하고 그와 그의 가정을 위해서 기도하면서 적당한 때를 기다리는 것이 성경적인 처사라 하겠다.

4) 때때로 장성하여 부모를 떠난 자녀들이 하나님을 거역하고 불신앙에 빠지는 경우를 보게 된다. 이러한 경우까지 사도 바울의 가르침을 적용하는 것은 무리이다. 왜냐하면, 인간 영혼의 구원은 일차적으로 어디까지나 하나님의 소관이며, 성인이 된 그들이 교회로 돌아오지 않는 이유는 그들 자신의 책임이며, 동시에 목회자나 교회의 책임 또한 결코 작지 않기 때문이다.

5) 중요한 것은 부모의 슬하에 있을 때 자녀들은 부모에게 순종하는 것을 훈련받아야 하고 아버지의 권위를 인정하도록 교육돼야 한다는 사실이다.

4. 결론

1) 장로가 그의 가정을 잘 다스리느냐 여부는 그가 교회를 잘 다스릴 수 있느냐를 판가름한다.
2) 다음과 같은 질문들이 장로직을 생각하는 이들에게 던져져야 한다.
   ① 그가 순결한 결혼 생활을 하고 있는가?
   ② 그가 그의 가족들을 사랑하는가?
   ③ 그의 자녀들이 그에게 복종하는가?
   ④ 그의 자녀들이 믿음 안에서 양육되었는가?

⑤ 그의 자녀들의 삶이 기독교적 삶의 기준들을 보여 주고 있는가?

⑥ 그의 자녀들이 아버지의 권위를 인정하는가?

⑦ 자녀들이 항상 아버지로부터 하나님의 말씀에 의해서 다스림을 받고 있다고 느끼는가?

⑧ 그의 아내는 그에게 순종하고 있는가?

⑨ 그의 아내를 그리스도가 교회를 사랑하듯이 사랑하고 있는가?

3) 장로의 다스리는 능력의 첫 번째 시험은 그의 가정에서 나타난다. 교회는 장로를 선택할 때 그의 가정생활을 기초해서 신중히 선택해야 한다.

> 장로는 한 아내의 남편이어야 한다고 기록되어 있습니다. 이 말씀은 오늘날 많은 부분에 적용할 수 있습니다. 이 말씀은 일부다처제를 허용하지 않습니다. 일부다처제를 허용하는 문화가 있지만 우리는 일부일처제를 유지해야 합니다. …… 우리는 가정 목회를 잘해야 합니다. 그래야 우리들이 주님께서 맡겨준 교회에 잘 적용할 수 있는 것입니다. 한 걸음 더 나아가 바울은 이렇게 권면합니다. 장로나 집사의 가정에서 자녀들이 순종하도록 잘 가르쳐야 한다는 것입니다. …… 그러므로 장로와 집사는 가정의 가장으로서 자기가 자녀를 사랑하고 기도하고 권면함으로 신실한 그리스도인의 모습을 보여 주어야 합니다. 즉, 모범을 보여야 합니다. 매일 매일 삶 속에서 말과 행동이 자녀와 믿는 이들의 본이 되어야 합니다.
> – 웨스트민스터 신학교 피터 릴백 총장의 설교 중에서

14

장로 직분의 성경적 자격은 무엇인가?
- 지도력

1. 서론

1) 장로는 성도들을 영육 간에 감독하고 보살펴야 한다는 차원에서 목사를 도와야 할 책임이 있다. 그 책임을 감당하기 위해서 장로는 지도력이 요구된다.

2) 장로의 지도력은 훈육하고 다스리는 것이다. 이 지도력은 장로의 본연의 임무 수행에 필수적이다. 이것들이 없다면 "눈먼 예술가"요 "곡조를 틀리게 부르는 가수"이다.

2. "가르치기를 잘하며"(딤전 3:2, "able to teach")

1) 교회가 성장해야만 하는 공동체라면, 가르치는 것은 필수적이다. 따라서 교회의 장로는 가르칠 수 있어야 한다. 가르치기 위해서는 알아야 한다(잘 배워야 한다).

2) 가르친다는 것이 꼭 훌륭한 설교가나 무리를 가르치는 대중적

인 선생이 되어야 한다는 것은 아니다. 적어도 어떤 사람과의 일대일의 관계에서 그 사람의 삶에 하나님의 말씀을 적용할 수 있어야 한다.

3) 가르치는 능력은 첫째, 은사이다. 그러나 둘째로, 본인의 열심과 노력과 공부로 인해 개발시킬 수 있다. 은사의 유무와 관계없이 장로는 가르치는 능력이 있어야 한다. 하나님께서 장로로 세우시면 이러한 능력을 주시리라 믿는다.

3. "(바른 교훈으로) 권면"(딛 1:9, "to exhort in sound doctrine")

1) 권면은 성도들로 하여금 배운 것을 행동에 옮기도록 이끌어 가는 예술이다. 행동에 옮기도록 힘과 도움을 주는 것이다. 권면 없는 가르침은 열매 없는 나무이다. 그렇기에 가르침과 권면은 뗄 수 없는 관계이다.

2) 권면은 올바른 교리(sound doctrine) 안에서 이루어져야 한다. 올바른 교리는 사도 바울이 가르친 그 가르침 그대로를 말한다.

3) 오늘날 장로 역시 성경 그대로의 말씀을 갖고(바른 신학), 바른 교리 안에서 성도들을 권면 해야 한다.

4. "(거스려 말하는 자들을) 책망"(딛 1:9, "to refute those who contradict")

1) 장로는 양 떼를 보호해야 할 책임이 있기에 거짓 가르침을 주는 사람과 그것을 따르는 사람들을 책망해야 한다.

2) 오늘날 교회는 수많은 이단 사설에 노출되어 있다. 장로는 거짓

가르침을 경계하기 의해 불침번을 서야 한다.

5. 결론

1) 장로가 교회를 보살피기 위해서는 지식이 필요하다. 그뿐만 아니라 그것을 가르칠 수 있는 능력이 필요하다.

2) 단지 입을 통해 지식을 전달하는 가르침, 권면, 그리고 책망은 권위도, 능력도 없다. 장로는 그 모든 것을 몸소 실천해야 한다. 그렇기에 성경은 "미쁜 말씀의 가르침을 그대로 지켜야 하리니"(딛 1:9)라고 장로가 먼저 말씀을 지켜야 할 것을 말하고 있다.

3) 장로가 갖추어야만 하는 교도력과 설득력은 지식과 입술에서 비롯되는 것이 아니다.

15

장로 직분의 성경적 자격은 무엇인가?
- 사회성 (1)

1. 서론

1) 교회라는 공동체는 영적인 공동체요, 초자연적인 공동체이다. 그러나 잊지 말아야 할 사항은 교회는 또한 사회적 기관이라는 사실이다. 교회는 지역 사회에서 분리될 수 없다.

2) 장로는 교회 주변의 사회적 평판과 요구를 무시할 수 없다. 장로는 세상에서 통용되는 사회적 상식과 기준, 그리고 예절과 통념을 그것이 죄가 아닌 이상 지켜주어야 한다. 장로는 세상 속에서 착하게 살아야 한다.

2. "나그네를 대접하며"(딤전 3:2; 딛 1:8, "hospitable")

1) 초대교회에서는 장로가 손님(핍박을 피해 돌아다니는 성도, 순회 복음전도자)을 접대해야만 했다. 오늘날에도 성도가 다른 사람을 대접하는 것은 교회의 전통이 되어야 하는 미덕이다.

2) 교인들의 미덕이다. 남을 대접하기 위해서는 두 가지 요건이 필요하다. 첫째는 남을 대접하려는 의지이고, 둘째는 그 의지를 실현할 수 있는 능력, 즉 경제력이다. 만약 어떤 이가 이 두 가지를 다 겸하고 있다면, 그리고 그러한 자가 그 교회의 장로라면, 그 교회는 복을 받은 교회이다. 그러나 이 두 가지를 모두 겸비한 장로가 흔치 않다.

3) 장로는 사람을 사랑해야 한다. 사람들과 같이 지내는 것을 즐거워해야 한다. 장로의 가정은 언제나 사람들에게 열려있어야 한다. 다른 사람들이(성도나 성도가 아닌 사람이건 간에) 열려있는 그 가정을 통해 건강함과 따뜻한 사랑을 느끼도록 해야 한다. 결국, 대접을 위한 조건은 경제력 이상의 어떤 것이다.

4) 성경이 말하는 대접은 선한 사마리아 사람이 행한 대접이다(눅 10:33-35). 선한 사마리아인의 대접은 고독하고, 버림받고, 소외된 사람들에 대한 대접이며, 오직 "나를 필요로 하는 바로 그 사람"에게 베푸는 대접이다.

3. "선행을 좋아하며"(딛 1:8, "loving what is good")

1) 장로는 무엇이 선한 것인가를 배워야만 하고 알아야만 한다.

2) 장로는 선한 것들을 그의 삶 가운데서 실현하는 사람이다. 장로는 선한 물건, 선한 사건, 선한 장소, 선한 행위, 선한 사람을 사랑해야 한다. (빌 4:8, "끝으로 형제들아 무엇에든지 참되며 무엇에든지 경건하며 무엇에든지 옳으며 무엇에든지 정결하며 무엇에든지 사랑받을

만하며 무엇에든지 칭찬받을 만하며 무슨 덕이 있든지 무슨 기림이 있든지 이것들을 생각하라.")

3) 장로는 두 개의 기준(세상 기준과 하늘나라의 기준)을 필요에 따라 편리하게 사용하는 사람이 아니다. 언제나 하늘나라 기준의 착한 모습을 유지해야 한다.

4) 장로는 사람이나 현상에 있어서 어두운 면을 보기보다는 밝은 면을 보는 사람이어야 한다.

> 어떤 신학 서적들에는 다음과 같은 질문이 제기된다. 교회의 직분은 위로부터 온 것인가, 아니면 아래로부터 온 것인가? 우리는 위로부터 온 것이라고 반드시 대답해야 한다. 직분은 교회 자체가 만들어 낸 제도가 아니다. 교회의 직분자들은 교회에서 이루어지는 선거를 통해 선출되지만, 교회의 지체들 가운데서 교회를 섬기도록 부름을 받은 자들이다. 직분의 뿌리는 "교회의 목자장"(벧전 5:4)인 그리스도의 사역에서 발견할 수 있다. 그리스도의 사역의 본질은 섬김이다. …… 성경적인 의미에서 섬김(사역)이라는 단어는 온전한 사랑에 기초해서 우리 자신을 전적으로 내어 주는 것을 의미한다. 우리는 이 섬김을 오직 그리스도에게서 배울 수 있다. 우리는 이 섬김을 오직 그리스도에게서 배울 수 있다. 직분자들로 선택된 이들은 과연 자신들이 그리스도와 그의 교회를 위한 사랑으로 자신들의 직분을 수행하고 있는지 스스로 물어보아야 한다.
>
> - J. 판 헨더렌 & W. H. 펠레마, 『개혁교회 교의학』 1186쪽에서

16

장로 직분의 성경적 자격은 무엇인가?
- 사회성 (2)

4. "외인에게서도 선한 증거를 얻은 자"(딤전 3:7 "good reputation with those outside the church")

1) 사람의 판단이 언제나 옳은 것은 아니다. 그러나 하나님이 인정하는 사람은 대체로 주변 사람들로부터 좋은 평판을 받는다. 만약 어떤 이가 교회 밖 세상에서 좋은 평판을 받았다면, 그는 하나님을 영화롭게 한다고 할 수 있다.

2) 장로 직분은 무력이나 권력이나 금력으로 그 직무를 수행할 수 있는 세속 직분이 아니다. 장로 직분은 인격과 신뢰와 덕을 통해서 수행할 수 있는 성직이기에 당연히 세상의 좋은 평판을 받아야 한다.

3) 장로는 좋은 평판을 얻지는 못하더라도 주위로부터 최소한 손가락질의 대상이 되어서는 안 될 것이다. 만약 손가락질의 대상인 어떤 자가 장로가 되려 한다거나 또는 되면 문제가 생길 수

밖에 없다.

 ① 장로의 직무를 감당할 수 없다. 왜냐하면, 장로의 지도력은 그에 대한 사람들의 "사랑" 혹은 "존경"이 있어야 하기 때문이다.

 ② 교회가 권위를 잃어버리게 되어 결과적으로 하나님의 영광을 가리게 된다.

4) 하나님께서는 신앙(중심)뿐만이 아니라 삶도 보신다. 만약 어떤 이가 지역 사회에서 평판이 좋지 않다면, 적어도 그에 대한 평판이 바뀌기 전까지는 장로(교회의 모든 지도자)가 되는 것을 허용해서는 안 될 것이다.

5) 교회 밖 세상 사람들이 장로를 선출하면 "진짜 장로"를 선출한다는 농담이 있을 정도로 장로의 세상 평판이 부정적인 경향 또한 없지 않다. 문제는 자신이 세상에서 손가락질받는다는 사실을 모르는 사람이 장로가 되려는 것이다.

5. 결론

1) 장로는 자신이 머무는 사회에서 좋은 평판을 받아야만 한다. 사업가로서, 전문인으로서, 회사원으로서 장로는 동료와 직원과 고객들로부터 좋은 평을 얻어야 한다.

2) 물론 박해를 받는 세상과 사회라면 장로는 오히려 세상으로부터 미움을 받는 평이 정당할 것이다. 그러나 대한민국에서의 장로는 주변으로부터 "좋은 사람"이라는 평판을 받아야 한다.

장로 직분의 성경적 자격은 무엇인가?
- 거룩 (1)

1. 서론

1) 장로에게는 거룩이 필요하다. (이 거룩을 흔히 "영성"이라고도 말한다.) 왜냐하면, 장로는 단순히 한 인간 조직체의 지도자가 아니라 거룩하신 예수 그리스도의 몸 된 교회의 지도자이기 때문이다.

2) 장로는 거룩해야 한다. 교회에서 사역은 단순히 인간적인 역량과 기교만으로 수행될 수 없기 때문이다.

3) 거룩을 영적이고 내면적인 것으로만, 교회적인 용어를 사용하고 교회 문화에 맞는 행동에 익숙해지는 것으로만 생각하는 경향이 있다. 하지만 장로에게 있어서 거룩함이란 종교적인 측면을 초월한 그 이상의 것이다.

2. "책망할 것이 없으며"(딤전 3:2; 딛 1:6-7, "above reproach as God's steward")

1) 장로는 책망할 것이 없어야만 한다. 이 자격은 권면이나 제안이 아니다. 반드시 갖추어야만 하는 자격이다.

2) 책망할 것이 없어야 한다는 의미는 완전무결한 삶을 살아야 한다든지, 혹은 죄가 없는(sinless) 삶을 살아야 함을 의미하지 않는다. 물론 그렇게 살면 최상이겠지만 인간은 그럴 수 없다.

3) 책망할 것이 없는 사람은 자신의 죄성을 알고 잘못을 인정하고 겸손하게 뉘우치는 사람이다. 죄인임을 자각하고 늘 회개하며 하나님의 말씀대로 살려는 사람이 책망할 것이 없는 사람이다.

4) 장로는 책망받을 것이 없는 삶을 살기 위해서 역설적으로 자신의 책망받을 것이 무엇인지를 알아야 한다. 결국, 장로는 하나님의 말씀에 대한 풍성한 식견이 있어야 한다. 왜냐하면, 오직 말씀만이 책망받을 것이 무엇인지를 알려 주기 때문이다.

3. "거룩하며"(딛 1:8 "devout")

1) 장로의 거룩은 뜨거운 예배 생활을 통해 우선적으로 나타나야만 한다.

① "거룩하며"(devout)의 헬라어 원뜻은 "그리스도를 예배하는데 완전히 몰두된 사람"을 의미한다. 장로는 예배자로서 모범이 되어야 한다.

② 장로는 영적으로 배고픈 사람(intense spiritual hunger)이 되어야

한다. 영적으로 배고픈 한 사람의 장로는 교회 전체를 뜨거운 예배 분위기로 변화시킨다.

2) 장로의 거룩은 주일을 생명을 다해 성수하는 것을 통해 나타나야만 한다.

① 가능한 한 본교회에서 주일을 성수해야 할 것이며, 어쩔 수 없는 출타중일때는 어디에 가든지 교회가 있는 곳이라면, 그곳에서 주일 예배를 드려야 할 것이다.

② 초기 한국교회의 전통은 만약 주일에 출타할 경우 출석한 교회의 주보를 반드시 본 교회에 제출하였으며, 주일 예배로부터 면제될 수 있는 단 한 가지 경우는 오직 여성이 출산했을 때뿐이었다.

18

장로 직분의 성경적 자격은 무엇인가?
- 거룩 (2)

4. "돈을 사랑하지 아니하며"(딤전 3:3, "free from the love of money")

   "더러운 이득을 탐하지 아니하며"(딛 1:7, "not fond of sordid gain")

1) 돈은 거룩함을 드러내는 가장 구체적이고 현실적인 도구이다. 돈에 대한 그 사람의 가치관을 보면 그 사람의 거룩의 정도를 판단할 수 있다.

2) 돈은 인간의 삶에 절대적인 힘을 발휘하는 도구이다. 성경은 자본주의나 돈을 부정하지 않는다. 다만 돈을 대하는 인간의 자세를 문제시하고 있을 뿐이다. 돈은 하나님을 위한 훌륭한 도구일 수도 있으며, 반면에 하나님의 자리를 차지하게 하는 가장 강력한 우상이 될 수 있다.

3) 성경은 돈을 사랑하지 말라고 가르치고 있다(히 13:5). 이 말이 돈을 죄악시하라는 말이 아니라 돈을 위해 살지 말라는 것이다. 만약 어떤 사람이 돈을 위해 살게 되면,

① 돈을 소유하기 위해 수단과 방법을 가리지 않게 되고,

② 돈의 노예(하나님의 종과는 반대되는 개념)가 되게 된다.

4) 장로는 배금주의(Mammonism) 혹은 물질주의(materialism)에 빠져서는 안 될 것이다.

① 배금주의나 물질주의는 거룩한 삶과는 정반대 삶의 모습으로 예수님도 수차례 경고했다(마 4:4; 마 6:21-24; 막 10:22).

② 장로는 돈을 모으려는 욕심으로부터 벗어나야 한다. 주님을 위해 쓰려는 동기를 갖고 재산을 모으려는 욕심까지도 버려야 한다(딤전 6:9, 17).

③ 은사가 아닌 이상 장로가 일부러 가난하게 될 이유는 없지만, 그러나 더욱 가난해지려는 자세가 장로의 자세이며 그 자세 위에 하나님은 축복하신다. 부자가 되게 하시는 이는 오직 하나님이시다.

5) 장로는 돈에 대한 성경적 가치관을 분명하게 정립해야 한다. 돈에 대한 성경적 가치관은 "청지기"라는 성경의 단어에서 배울 수 있다. "청지기"라는 직책은 주인의 것을 위임받아 활용하되 그 이익을 주인에게 돌려주는 직책이다. 즉 청지기는 주인에 대한 경영적 책임을 진 사람이다. 장로는 자신에게 주어진 돈을 포함한 모든 자원을 청지기로서 주인이신 하나님을 위해 이익을 남기는 경영자가 되어야 한다.

① 인색하지 말아야 할 것이다. 축복받은(맡겨놓은) 물질을 통해서 사람들을 섬기고 주의 일에 헌신하는 모습을 보여 주어야

한다.

② 헌금 생활에 있어서 모범이 되어야 함이 당연하다. 십일조와 기타 헌금에 있어서 모범(model)이 되므로 다른 성도들에게 바른 헌금 생활을 가르쳐야 한다.

6) 돈과 관련되어 청결한 삶을 살아야 한다. 장로가 치부를 위해서 부정축재를 한다거나, 부당한 기업운영을 자행하거나, 남의 재산을 갈취하거나, 각종 투기로 재산을 축적하거나, 정당한 세금을 탈세하는 것은 해서는 안 될 부끄러운 행위이다.

5. 결론

1) 장로는 성령과 지혜가 충만해야 한다(행 6:3).

2) 장로가 됨에 있어서 그의 정신(spirit)이 그 사람의 나이나 직위, 교육, 경력보다 더욱 중요하다. 장로의 거룩이야말로 교회의 건강을 도모하고 유지하는 핵심이다.

3) 장로의 거룩은 그의 삶을 통해서, 사회생활을 통해서, 그리고 특별히 그의 물질관에서 잘 드러난다.

장로 직분의 성경적 자격은 무엇인가?
- 일정 기간의 신앙 연조

1. "새로 입교한 자도 말지니"(딤전 3:6, "not a new convert")

1) 믿고 구원을 얻는 데는 많은 시간이 필요하지 않다. 그러나 신앙적 인격이나 신앙의 지도자로서 품성을 갖기까지는 시간이 필요하다.

2) 신앙의 연조가 얕은 사람을 장로로 선택하는 것은 현명한 일이라고 할 수 없다. 신앙에 있어서 어린아이와 같은 사람은 비록 뜨거운 열정과 더불어 순수한 면은 있을 수 있겠지만, 그러나 단순한 구조가 아닌 교회를 섬기기에는 충분하지 않다고 하겠다. 자칫 교회 전체가 세상 교훈과 풍조에 의해 요동치게 될 수 있다(엡 4:14-15).

3) 장로가 되기 위해서는 일정한 신앙생활 기간을 통해 신앙에서, 교회 생활에서, 성경 지식에서 성숙해야 하며, 그 성숙함이 성도들에게 보여야 한다.

4) 신앙 경력이 장로가 되기 위한 본질적 요소는 아니겠지만, 그러나 급하게 임명된 교회 지도자들에 의해 교회가 겪게 되는 어려움이 제법 많다고 하겠다. "새로 입교한 자도 말지니 교만하여져서 마귀를 정죄하는 그 정죄에 빠질까 함이요"(딤전 3:6)라는 말씀은 결코 가벼운 말씀이 아니다. 신앙 연조가 짧은 사람이 장로가 되었을 경우, 교만해지고 그 결과 마귀에게 내려진 형벌이 그에게 내려질 수 있다는 의미이며, 그 과정에서 교회는 심각한 혼란에 빠질 수 있음을 말하고 있다.

5) 각 교단은 교단 헌법에, 또는 개 교회는 교회 정관에 장로가 되기 위해서는 일정 기간의 교회 생활이 필요하다고 규정하고 있다. 또는 장로가 되기 이전에 특별한 교회 직분을 거치도록 규정하고 있다. 참고로 말하면, 장로교의 통합 측은 무흠 7년을, 합동 측과 기장 측은 무흠 5년을, 감리교는 세례 후 10년을, 성결교회는 집사 5년을 규정하고 있다. 또 많은 교회가 장로가 되기 위해서는 안수집사의 직분을 거쳐야 한다고 자체적으로 규정하고 있다.

20

장로 직분의 성경적 자격은 무엇인가?
- 교만해지지 않음

1. "마귀의 올무에 빠질까 염려하라"(딤전 3:7)

1) 마귀의 존재와 그의 활동에 대해서 모든 성도는 경각심을 가져야 한다. 하나님의 존재를 확신하는 만큼 마귀의 존재를 확신해야 한다.

2) 마귀는 어떻게든 성도의 약점을 들춰내어 그것을 그의 목적에 사용하려 한다. 마귀는 성도를 넘어뜨리기 위해 항상 고심하며, 쉬지 않고 일하며, 자기가 갖은 각종 무기(조력자, 문화, 상황 등)를 동원한다.

3) 마귀는 교회를 넘어뜨리기 위해서 특별히 교회에 봉사하는 직분을 가진 사람들에게 접근하여 그들을 유혹한다.

　① 중요한 직분(목사와 장로)을 맡은 사람이 더욱 마귀의 표적이 된다. 왜냐하면, 중요한 직분자를 쓰러뜨리면 그것은 바로 교회를 쓰러뜨리는 길이기 때문이다.

②장로는 언제나 긴장하여 마귀의 유혹과 올무에 빠지지 않도록 최선의 신앙생활을 유지해야 한다.
4) 장로를 쓰러뜨리기 위해 마귀가 사용하는 최고의 전략은 장로를 교만하게 만드는 것이다.
①교만은 모든 죄악의 어머니이다. 교만은 장로가 가장 조심해야 할 죄이다(잠 16:18).
②마귀는 장로가 교만해지도록 자꾸만 부추긴다. ("네가 공로자야", "네가 최고야", "네가 능력자야, 너 아니면 안 돼", "전체 교인들이 너를 인정하고 따르고 있어", "네 생각이 가장 합리적이야", "다른 사람이 몰라서 그래"…….)
5) 장로의 교만은 두 측면에서 주로 나타나는데, 첫째는 자기 판단에 대한 지나친 확신과 자신감이요, 둘째는 매사에 있어서 자기 의(義)에 기초한 자기합리화이다.
①다른 사람이나 현상에 대해서 자기 판단으로 규정한다. 고집스러워지는 것이다. 장로는 교회에서 발생하는 사실(Fact) 그 자체는 하나이지만 그러나 그 사실을 판단하고 해석(Interpretation)하는 것은 사람마다 다를 수 있음을 인정해야 한다.
②자기합리화는 자기반성이나, 자기모순을 돌아볼 수 없게 만든다. 그 결과 다른 사람의 의견, 조언, 충고에 대해서 귀를 기울이지 않는다. (다윗이 밧세바를 취하기 위해, 그리고 그 죄를 감추기 위해 우리야를 죽이는 과정을 생각하라.) 교회 지도자가 자기합

리화에 이르게 되면 마귀가 본격적으로 그를 통해 교회의 모든 일에 관여하고 소란을 일으킨다.

> 교만이라는 죄의 특성이 이기심이라는 데는 반론이 있을 수 없다. 그것은 죄인이 회심하는 데나 다른 사람이 도구가 되는 데에는 관심이 없고, 우리 자신이 도구가 되는 데에만 관심을 가지는 것과 같고, 우리의 영광을 드러낼 기회가 많이 주어질수록 우리가 하나님의 영광을 드러낸다고 판단하는 것과 같다. 우리는 유용하게 되기보다 뛰어나게 되기를 바란다. 우리는 혼자 서기를 원한다. 다른 사람의 영적 자산을 기뻐하지도 않고 그들의 우수한 재능을 칭찬하지도 않는다. 심지어 그 재능이 우리 크신 주님의 일을 위해서 사용되었을 때에도 말이다. 우리는 우리 가까이에서 너무 밝게 빛나 우리의 빛을 가릴 수 있는 그 어떤 것도 견디지 못한다. 그것이 뛰어난 은사이든지 더욱 근실하게 증진시키는 은사이든지 마찬가지이다. 이것은 이스라엘에 밥을 주었던 그 사람[모세]과 얼마나 다른가. 그는 온 백성이 그의 비상한 은사에 참여하기를 원했던 것이다(민 11:29). 위대한 사도[바울]의 심성은 얼마나 달랐는가. 그는 신자답지 않은 동기에 의해서라도, 또한, 자기 이익에 초연한 사도의 수고에 은근하게 저항하기로 작정한 자들의 입에 의해서라도 복음이 확장되는 것을 기뻐했던 것이다(빌 1:15-18).
>
> — 찰스 브리지스/황영철 역, 『참된 목회』 중에서

21

장로 직분을 내려놓을 수 있는가?

1. 장로 직분은 임기 내에나, 혹은 정년 전에 함부로 사임할 수 없다

1) 기분과 감정, 혹은 이기적 이유로 인해서 장로 직분을 함부로 사임하는 것은 경망스러운 행동으로서 하나님과 교회에 대한 배신행위라 할 수 있다.

2) 장로는, 하나님의 은혜를 의지하여 진실한 마음으로 장로 직분을 힘써 봉사할 것과 교회의 화평과 연합과 성결을 위하여 충성하겠다고, 하나님과 교회 앞에서 서약한 사람이다.

2. 시무기간 중 권고 사임이나 해임을 당하는 불상사가 발생하지 않도록 해야 한다

1) 시무 기간이 남아 있고 또 본인이 계속 시무를 원한다고 할지라도 이단이나 악행에 연루된 사실이 확인되면 정당한 절차에 의해서 권고 사임 혹은 해임될 수 있다.

2) 이단이나 악행이 없을지라도 법이 규정한 교인의 수가 시무를 원하지 않을 때 당회는(장로교의 경우) 사임을 권고할 수 있다.

3. 비록 임기 내라고 하더라도 어떤 경우는 자의에 의하여 사임하는 교양과 지혜가 필요하다

1) 건강상의 이유로, 정상적인 판단 능력의 상실을 이유로, 혹은 기타 특별한 사정을 이유로 장로 직분을 감당하기 어려울 때 자의적으로 사임하는 것이 바람직하다.
2) 본인의 행실 혹은 당면한 상황이 교회에 덕을 세우지 못한다고 판단될 때, 장로 직분을 자의 사임하는 것이 바람직하다. 이것이 교회를 사랑하는 자의 자세이다.

4. 장로는 한국 문화권 속에서 정년제 혹은 종신제이다. (물론, 최근 여러 교단 혹은 개 교회에서 장로 임기제가 자리를 잡아가고 있음 또한 사실이다.) 따라서 임기 중간에 자의든 타의든 사임 사태가 발생하는 것은 지극히 비정상적이라 하겠다. 가장 이상적인 것은 성실하게 장로 직분을 감당하여 명예롭게 마치는 것이다.

22

장로 직분 - 총결론

1. 장로는 완성된 자가 아니다

1) 장로를 영적으로 완전히 성숙한 사람(월등한 또는 초월적 성도)이라고 규정할 수 없다.

2) 물론, 장로는 신앙적으로 다른 사람보다 성숙한 사람이어야 한다. 그러나 완성된 자는 아니다.

3) 장로는 성장하고 있는 사람, 성장의 모습을 보이는 사람이다.

2. 장로는 스스로 죄인임을 고백할 수 있는 자이어야 한다

1) 성경이 요구하는 자격 중에서 약한 면이 있음을 스스로 고백할 수 있어야 한다. 완벽한 이는 예수 그리스도뿐이시다. 그렇기에 예수님을 의지하고, 약한 부분을 메꾸기 위한 힘을 얻어야 한다.

2) 장로 직분을 감당하기에 충분한 사람은 없다. 오직 교회를 지극히 사랑하시는 주님에 의해서만 부족함이 채워질 수 있다.

3. 교회는 장로 직분자를 위해 간절히 기도해야 한다

1) 오직 교회의 머리가 되신 주님께서만 그의 백성을 다스릴 장로를 세우실 것이다. 그러므로 교회는 장로 세우는 일을 위하여 끊임없이 기도해야 한다.

2) 장로 직분의 소유자는 교회를 위해 어떤 위험도 감수하겠다는 자세로, 그리고 두려움과 떨림으로 이 좁은 직분자의 길을 한 걸음씩 나아가야 한다.

4. 스코틀랜드의 장로였던 켐벨(T. G. Campbell)은 장로의 자격을 다음과 같이 규정했다

"장로의 가장 본질적인 자격은 하나님의 아들, 하나님의 책, 하나님의 집, 하나님의 날, 그리고 하나님의 제단을 사랑하는 것이다."

5. 요한삼서에 나타난 두 장로

1) 참 장로 가이오(요삼 1:1-3)
   ① 사람들이 그의 삶과 신앙을 증언
   ② 진리 안에서 행함
2) 거짓 장로 디오드레베(요삼 1:9)
   ① 으뜸이 되기를 좋아함
   ② 악한 말로 목회자를 비방
   ③ 교회를 자기 본거지로 만듦("형제들을 맞아들이지도 아니하고 맞아

들이고자 하는 자를 금하여 교회에서 내쫓는도다")

다스리는 자들은(고전 12:28) 일반 사람들 가운데 선출된 장로들로서 감독들과 하나가 되어서 도덕적 문제들에 대한 견책과 권징을 시행하는 일을 주관하는 자들이었다고 나는 짐작한다. 왜냐하면 "다스리는 자는 부지런함으로"(롬 12:8)라는 말씀을 달리 해석할 수 없기 때문이다. 그러므로 처음부터 각각의 교회에는 경건하고 엄중하고 거룩한 자들 가운데서 뽑힌 연장자들의 회가 하나씩 있어서 악행들을 교정하는 재판권을 수중에 두었다. 이에 대해서 우리는 나중에 말할 것이다. 그런데 이런 직제가 어느 한 시대에 그치지 않았다는 것은 경험 자체가 선언하고 있다. 그러므로 이 다스림의 직무는 모든 시대에 필수적이다.

— 존 칼빈/문병호 역, 『기독교강요』 제4권 127쪽에서

3부

집사란 누구인가?

1 집사란 누구인가?

1. 집사란?

1) 한자어로 "執事"(잡을 집, 일 사)

2) 한자어를 직역하면 집안일을 꽉 잡은 사람이란 뜻이다. 집안일을 맡아보는 고용인 혹은 관리가 집사이다. 즉, 일하는 사람을 집사라 한다.

2. 성경에서 집사의 문자적 의미

1) 집사는 헬라어 동사 "디아코네오"라는 동사에서 유래했다. 비슷한 의미의 단어들이 "디아코노스", "디아코니아" 등이다. 이러한 단어들은 신약 성경에 약 100회 사용되었다.

2) "디아코네오"의 문자적 의미는 "먼지를 통해서"이다. 즉, 종이 주인을 섬기기 위해서 분주히 움직이는 모습을 가리킨다. 원래 이 단어는 식탁 옆에서 시중드는 머슴들을 가리키는 의미였다

(눅 4:39; 눅 10:40; 눅 17:8; 요 2:5; 요 12:2).

3) 이러한 단어들이 집사 직분의 호칭으로 사용된 곳은 빌립보서 1:1과 디모데전서 3장에서 총 5회뿐이다. 나머지는 "사환", "섬기는 자", "하인", "일꾼" 등으로 다양하게 사용되었고, 봉사와 관련된 일반적인 의미로 사용되었다.

4) 이 단어들은 신약성경에서 교회에서 봉사하는 모든 자의 기본적인 자세를 드러내는 의미로 사용되었다. 이 단어가 집사라는 직분의 호칭으로 사용된 경우는 성경 시대의 후반부에 이르러서이다.

5) 성경에 나타난 집사라는 단어의 의미는 먼지를 뒤집어쓰면서까지 최선을 다해 일하는 모습을 의미한다.

3. 이상의 모든 경우를 종합해볼 때,

집사는 어원이나 그 유래를 보건대 어떤 일을 수행하기 위해, 조금 더 단순하게 표현하자면 몸을 써 봉사하기 위해 만들어진 직분이라고 할 수 있다. 이러한 차원에서 집사는 장로 직분과는 전혀 다른 은사를 가진 직분이라 하겠다.

2

성경에 기록된 최초의 집사들은 누구인가?

1. 사도행전 6:1-6의 일곱 집사이다

구제 음식을 둘러싼 예루살렘 교회 내의 분쟁을 해결하기 위해 사도들은 일곱 명의 봉사자를 선발했다.

2. 하지만 이 일곱 사람을 집사로 여기는 데는 약간의 문제가 있다

1) 한글 성경은 이 일곱 사람이 집사이었음을 사도행전 21:8에 기록하고 있다.

2) 헬라어 성경 해당 본문에는 집사라는 단어가 나타나지 않는다. 즉, 이 일곱 사람을 집사라고 명시하고 있는 헬라어 성경 구절은 없다는 것이다.

3) 사도행전 전체에 집사 직분을 가리키는 단어는 나타나지 않는다. 반면 장로라는 직분은 여러 번 나타난다(11:30; 14:23; 15:2, 4, 6, 22-23; 16:4; 20:17). 따라서 사도행전까지는 집사가 교회의 직

분으로 자리 잡지 않았다고 보는 것이 가능하다.

4) 따라서 일곱 사람을 집사라고 규정할 수는 없다. 다만 교회의 전통이 일곱 사람을 집사로 여겨 왔을 뿐이다.

3. 교회의 전통을 따라 일곱 사람을 집사로 여기는 것에 대해 큰 문제는 없어 보인다

이 일곱 사람이 선발된 이유를 보건대, 집사는 교회의 치리나 행정 조직을 위해서 생겨난 직분이 아니라, 교회의 일, 구체적으로 구제 사역을 수행하기 위해서 생겨난 직분임을 알 수 있다.

초대교회의 일곱 집사(사도행전 6:1-6)

① 스데반 : '면류관'을 의미하며, 헬라파 유대인이었다. 스데반은 예루살렘의 최초의 집사로서 능력 있는 설교자이자 첫 번째 순교자이다. 스데반은 신앙이 돈독했으며, 은혜가 충만하고, 능력 또한 많았으며, 성경에 해박하였다.

② 빌립 : '말(horse)을 사랑하는 사람'을 의미한다. 스데반이 순교한 후 사마리아에서 복음을 전파하였다. 효과적인 치유역사를 행했으며(행 8:4-8), 마술사 시몬을 열심 있는 그리스도인이 되도록 만들었다. 유대교로 개종한 에디오피아 간다게 여왕의 국고를 맡은 내시에게 복음을 전하였다(행 8:26-39). 그리하여 에디오피아인으로 인하여 북동 아프리카 지역에 그리스도의 메시지를 전파하는 계기를 만들었다.

③ 브로고로 : '춤의 지도자'라는 뜻이다. 전승에 따르면 니코메디아(Nicomedia)의 감독이 되었으며, 사도 요한의 대필자이었고, 안디옥에서 순교했다.

④ 니가노르 : '정복자'를 의미하며, 안디옥 출신이다.

⑤ 디몬 : '존경해야 함'을 의미한다.

⑥ 바메나 : '견고하다'라는 뜻이다. 소아시아지방에서 복음을 전했을 것으로 여겨진다.

⑦ 니골라 : 유대교로 개종했다가 후에 기독교에 개종한 이방인이었다. 니골라는 흔히 성경에 나타난 이단 니골라당의 창시자로 알려졌지만, 사실 그러한지 아니면 동명이인인지 확실하게 알 수 없다.

집사란 무엇을 하는 직분인가?

1. **성경에서 집사 직분을 가진 자의 임무를 문자적으로 규정한 구체적 구절을 찾아보기 어렵다**

   집사는 교회나 혹은 장로회가 요청하는 일을 감당하였던 것으로 보인다.

2. **집사의 헬라어 어원인 "디아코노스"가 사용된 성경 구절을 살펴보면 집사의 임무가 무엇인지 알 수 있다**

   1) 섬긴다. 시중들다. 직무를 수행하다(요 12:26; 행 19:22; 롬 15:22).

   2) 식사 시중을 들다(마 4:11; 막 1:31; 요 12:2).

   3) 식생활에 필요한 것을 공급하다. 돕는다(마 25:42-44; 눅 8:3).

   4) 구제하다(고후 13:3).

   5) 마련하다. 보살핀다(롬 15:25).

   6) 공궤하다(행 6:2).

7) 동행한다. 섬긴다. 봉사한다(고후 8:18; 딤후 1:18; 벧전 1:12; 4:10).

3. 집사 직분의 유래를 보건대, 집사는 사도의 직무를 도와 성도를 공궤(供饋)하기 위한 직분이다

1) 사도의 직무를 돕는다는 말의 현대적 의미는, 목사가 본질적 직무인 말씀과 기도에 전념할 수 있도록 집사가 목사를 돕는다는 것을 의미한다.

2) 목사의 본질적 직무를 "영을 위한 사역"이라고 한다면, 집사의 본질적 직무는 "몸을 위한 사역"이다. 이러한 몸을 위한 사역을 교회사 속의 어떤 이들은 "하급의 업무" 혹은 "세속적인 업무"라고 했다. 집사는 이러한 직무를 담당함으로써 목사가 본질적 직무에 충실할 수 있도록 돕는다.

3) 공궤의 원뜻은 "윗사람에게 음식을 대접함"이다. 초대교회 집사의 공궤를 오늘에 확장하여 적용한다면 그것은 구제와 헌금 출납이다.

4. 칼빈은 집사의 직무에 관하여 말하기를

"다른 사람을 섬기는 일을 맡아야 한다. 특히 병자와 가난한 자를 돌보고 권유하는 일을 담당해야 한다"라고 했다.

4

장로교 헌법에 나타난 집사의 임무는 무엇인가?

1. 장로교 헌법에 나타난 집사의 일반적인 의무

1) 집사의 임무는 집사 단독이 아니라 목사, 장로와 협력해서 행해야 한다.

2) 봉사하는 직분이다

3) 구제와 재정출납을 담당하는 직분이다.

2. 미국 PCA 교단 헌법에 나타난 집사 직분의 임무

1) 다스리는 것이 아니라, 사람의 영육 간에 필요한 봉사를 하는 것이다.

2) 예수의 본을 좇아 동정으로 보살피고 봉사하는 것이다.

3) 곤궁, 병약, 고독, 기타 고통 중에 있는 자들을 돕는 것이다.

4) 헌금 정신과 실천을 고양하고 이것을 관리 분배하는 것이다.

5) 교회의 재산인 부동산과 동산을 관리하며, 예배당과 기타 부속

건물을 적절히 수리 보존하는 것이다.

> **집사의 직무**
>
> 집사의 직무는 목회자로 하여금 목회에만 심혈을 기울일 수 있도록 밑받침을 다 해주는 것이다. 집사는 목회자로 하여금 기도하는 일과 말씀 전하는 일 외에는 공사 간에 다른 데 마음을 빼앗기는 일이 없도록 해야 한다. 공적으로는 교회 내에서 구제사업이나 재정 관계 또는 기타 행정상 심각한 문제 때문에 마음과 시간을 빼앗기지 않도록 협조해야 하며, 사적으로는 궁핍이나 기타 어렵고 딱한 사정들 때문에 신경을 쓰지 않도록 분위기를 조성해 주어야 한다.
>
> — 최정성, 『제직훈련과 교회성장』 중에서

어떤 종류의 집사 직분이 있는가?

1. 집사 직분은 교파마다 그리고 교회마다 다소 다른 자격 기준을 설정하고 다양한 종류의 집사 제도를 운용하고 있다

하지만 일반적으로 한국 교회에서는 두 종류의 집사 제도를 운용하고 있는데, 바로 안수집사와 서리집사이다.

2. 안수집사

1) 안수집사는 교인들의 선거로 선출되어 안수를 받은 정년까지의 종신직 집사를 의미한다.

2) 교파나 교단은 안수집사가 되기 위한 자체적인 자격 요건을 구비하고 있다.

3. 서리집사

1) 서리집사 제도는 오직 한국 교회에서만 운영되고 있는 한국식

특유의 집사 제도이다. 선거를 통한 선출 직분이 아니라, 당회 혹은 이에 준하는 교회 치리 기관의 임명 직분이다. 임기는 보통 1년이다.
2) 초창기의 한국교회 상황에서, 안수집사로 세우기에는 아직 믿음과 경륜이 부족한 남녀 교인들을 서리집사로 임명하여 교회 일을 경험하게 했던 것이 서리집사의 유래라고 판단된다.
3) 교파나 교단은 서리집사가 되기 위한 자체적인 자격 요건을 구비하고 있다.
   ① 일정한 연령 이상(보통 25세)
   ② 일정 기간 이상의 무흠 세례교인(보통 1년 이상)
   ③ 일정한 기간 이상의 교회 출석 (보통 등록 후 1년 이상)

4. 교파에 따라 다양한 집사 명칭이 있다

신천집사, 유임집사, 이명집사, 원로집사, 명예집사, 협동 안수집사, 시무 안수집사, 명예 안수집사 등이다. 장로교 헌법에는 개교회의 집사를 다음과 같이 구분한다.

1) 시무집사 : 임직 혹은 취임 받아 시무하고 있는 집사를 말한다.
2) 휴직집사 : 휴직하고 있는 집사나 사임서를 당회에 제출하여 허락받은 집사를 말한다.
3) 은퇴집사 : 연로하여 은퇴한 집사를 말한다.
4) 무임집사 : 타 교회에서 이명 와서 아직 교인의 투표와 취임을 하지 않은 집사를 말한다.

집사 직분은 어떤 사람이 맡는가?

1. 집사 직분을 맡을 자 선택은 신중해야 한다

딤전 3;10, "이에 이 사람들을 먼저 시험하여 보고 그 후에 책망할 것이 없으면 집사의 직분을 맡게 할 것이요"

2. 집사 직분은 성령이 충만한 사람이 맡아야 한다

1) 사도행전 6:3, "성령과 지혜가 충만하여 칭찬 받는 사람"

2) 사도행전 6:5, "믿음과 성령이 충만한 사람"

3. 집사와 장로의 자격에 있어서 차이점

1) 집사의 자격은 장로의 자격과 매우 유사하다.

① 장로에게 요구되는 자격은 집사에게도 동일하게 요구된다고 보아야 한다. 집사의 자격이 결코 장로의 자격보다 열등하지 않다. 집사의 자격 역시 장로의 자격과 동일한 기준이 적용되

고 있다.

② 장로와 집사의 차이는 성품이나 자질의 차이가 아니라 은사와 소명으로 인한 기능의 차이일 뿐이다. 두 직분에 요구되는 영적인 자격은 같다. 장로와 마찬가지로 집사의 자격은 그들의 경건과 성숙한 성품과 관련되어 있다. 그들의 기능과 관련되어 있지 않다.

2) 장로와 집사는 수직적인 계급 구조가 아니라 수평적인 기능 구조이다. 따라서 일정 기간 안수집사를 거쳐야 장로가 되도록 하는 규정은 인위적이라 할 수 있다. 장로의 은사가 다르고 안수집사의 은사가 다르기 때문이다. 만약 어떤 교인이 오직 집사의 은사만을 갖고 있다면 집사로 평생 봉사하는 것이 성경적 태도라고 하겠다.

3) 장로가 되기 위해서는 안수집사를 거쳐야 한다는, 혹은 모든 집사가 일정 기간 후에 장로가 되어야 한다는 한국교회의 불문율은 (물론 어떤 면에서 유익함도 있지만) 직분을 계급으로 인식하는 비성경적 관념의 발로라고 할 수 있다.

4. 집사 직분의 본질은 영적이므로

집사 직분을 맡을 자는 거룩한 성품, 정직하다는 평판, 모범적인 생활, 형제 우애 정신, 따뜻한 동정심과 건전한 판단력이 있는 사람이어야 한다. 디모데전서 3:8-12에서 바울은 집사의 아홉 가지 자격을 제시한다.

디모데전서 3:8-12에 나타난 집사의 자격은 무엇인가? (1)

1. 개인적 품성

1) 정중해야 한다(딤전 3:8).

   ① "정중"의 의미는 "신중한", "위엄 있는", "품위 있는"이다.

   ② 장로의 자격중의 "단정함"(딤전 3:2)과 같은 의미이다.

   ③ 집사는 분별없이 까부는 경박한 자이어서는 안 된다. 존경받을 만해야 한다.

2) 말에 있어서 신뢰받아야 한다(딤전 3:8).

   ① 집사는 일구이언하지 않아야 한다. 일구이언하지 않는다는 의미는 자신의 유익을 위해 상황에 따라 말을 바꾸지 않는다는 의미이다.

   ② 집사는 정직하고 일관성 있고 청렴하게 말해야 한다. 동일한 상황에 대하여 여기서는 이렇게, 저기서는 저렇게 말해서는 안 된다. 이런 사람은 신뢰할 수 없는 사람으로서 집사가 될

수 없다.

③ 집사는 말에 있어서 신뢰를 받아야 한다. 정직하게 말해야 한다.

3) 술을 마시지 말아야 한다(딤전 3:8).

① "술에 인박히다"의 원뜻은 "술에 중독되다"이다. 집사는 술에 중독되지 말아야 하고 술이 그의 삶에 조그마한 영향도 끼치지 않아야 한다.

② 술에 취함은 자제력과 자기 통제를 할 수 없는 사람이다. 단지 술만의 문제가 아니다. 자제력과 통제를 잃게 하는 어떤 습관이나 중독 역시 끊어야 한다. 취미나 기호가 비록 죄는 아니지만, 그러나 그것에 중독된다면 그것은 심각한 죄의 원인이 된다.

4) 돈에 대한 가치관이 분명해야 한다(딤전 3:8).

① "더러운 이를 탐하지 아니하고"의 직접적 의미는 집사가 그의 직분을 교회 돈을 훔치는 데 사용해서는 안 된다는 것이다. 초대교회 집사들에게는 이 규정이 매우 중요했다고 보인다. 왜냐하면, 초대교회 집사들은 그들의 직무상 교회 돈을 관리해야 했기 때문이다. 그들은 과부나 고아나 필요한 사람에게 돈을 나누어 주는 직무를 감당했다. 그 과정에서 돈에 대한 유혹은 언제나 있을 수 있었다. 집사는 그러한 유혹으로 벗어날 수 있도록 돈을 사랑해서는 아니 되었다.

② 오늘날에도 집사의 중요 직무는 교회의 재정출납을 관리하는

것이다. 때문에, 집사는 더더욱 돈에 대하여 청결한 자세를 가져야 한다.

③ 집사는 사회생활 가운데에서도 뇌물이나 투기에 의한 소득이나 남을 속여 취한 재물에 관심을 두지 않아야 한다.

④ 집사는 선한 청지기로서 돈에 대한 명확한 가치관을 소유해야 한다.

집사의 역할

① 자비 : 교회 안팎의 신체적, 경제적 필요를 충족시키는 사역이다. 병들고, 가난하고, 노쇠한 이들과 한부모 가정을 심방하고 위기 상황에 몰린 가정들을 돕는 일이 여기에 들어간다.

② 청지기 : 교인들이 인색하지 않게 베풀도록 권유하고 독려하며 그렇게 모인 재물을 적절히 나눠 주는 사역이다. 청지기 의식 교육, 기부체계 마련, 회계, 기록, 재정 적립과 보고 같은 일들이 여기에 포함된다.

③ 자산관리 : 교회의 모든 자산을 잘 수리하고 관리하며 사용을 감독하는 일이다.

④ 지원 : 교회에서 진행하는 프로그램에 따르는 실제적인 작업들과 소소한 업무들을 처리하는 일이다. 안내, 각종 장비와 의자 설치 등의 일들이 이 범주에 속한다. 이런 일들을 꼭 직접 해야 하는 건 아니지만, 집사는 그 뒷 정리까지 책임진다.

— 팀 켈러, 『팀 켈러, 집사를 말하다』 중에서

디모데전서 3:8-12에 나타난 집사의 자격은 무엇인가? (2)

2. 영적인 삶(경건한 삶)(딤전 3:9)

1) 집사는 깨끗한 양심을 가져야 한다. "깨끗한 양심"이란 자기 자신에게 거리낌이 없음을 말한다.

2) "믿음의 비밀"은 "전에는 감추어졌으나 이제는 드러난" 어떤 것을 의미한다. 다름 아닌 복음을 말한다(딤전 3:16). 복음(예수 그리스도)이 구약성경에서는 감추어졌으나 신약 성경에서 명확히 드러났는데, 바울은 이것을 신비(미스터리)라고 표현했다. 즉 믿음의 비밀은 신약성경을 말한다.

3) 단지 복음을 담고 있는 것만으로는 충분하지 않다. 복음을 담는 그릇이 중요하다. 이 그릇이 "깨끗한 양심"이어야 한다. 즉, 집사는 삶과 믿음이 같아야 한다.

3. 봉사의 삶(딤전 3:10)

1) 집사는 그의 삶을 검증받아야 한다.

① "시험하여"라는 단어의 시제는 현재형이다. '헬라어에서 현재 시제는 계속적인 의미가 있다. 따라서 "시험하여"는 단 한 번의 시험이나 일정 기간의 시험이 아니라 계속해서 시험하는 것을 의미한다.

② 집사는 집사로 임직되기 전에 그의 삶을 검증받아야 한다. 그리고 집사가 된 후에도 계속해서 검증받아야 한다. 교회는 지속적으로 집사의 삶을 검증해야 한다. 이 검증에는 교인으로서 봉사 여부가 포함될 뿐만 아니라 전 인격적 모습이 포함된다.

2) 집사는 책망받을 일이 없어야 한다.

① 집사는 장로 못지않게 책망받을 일이 없어야 한다. 비록 장로와 집사는 그 직무와 기능에 있어서 차이가 있지만, 그러나 이 두 직분에 요구되는 영적 자격은 같다. 장로에게 요구되는 것만큼의 무흠한 삶이 요구된다.

② 책망할 것이 없다는 것은 전반적인 성품이 모나지 않은 "좋은 사람"을 의미한다. 집사는 인품과 생활에 있어서 어떤 책망거리나 흠이 있어서는 안 된다. 삶의 모습과 평판, 생각, 분위기, 첫인상 등에 있어서 좋은 평가를 받는 사람을 의미한다.

③ 집사에게는 욕먹을 어떤 행실이 있어서는 안 된다. 도덕적으로, 영적으로, 그리고 섬김에 있어서 지적 사항이 없음을 의미

한다. 집사는 영적인 성숙함을 갖추어야 한다.

> 가난한 자들을 돌보는 것은 집사들에게 일임되었다. …… "섬김(디아코니아)이라는 용어 자체는 한층 더 넓은 의미로 사용되지만, 성경에서 이 용어는 구제하는 일을 처리하고 가난한 자들을 돌보는 일을 주관하며 가난한 자들을 위한 공적인 기금을 관리하는 청지기들로서 섬기는 집사들을 특별히 가리킨다. 집사들의 기원과 임명과 역할은 누가가 사도행전에서 기술하고 있다(행 6:3). 우리가 보듯이 가난한 자들을 돌보는 사역에서 과부들이 무시되었다는 소문을 헬라 사람들이 퍼뜨렸을 때 사도들은 자기들이 말씀선포와 식탁을 돌보는 두 가지 직무를 충족시킬 수 없다고 자기들의 입장을 변호하면서 그 일을 관장하기 위해 적합한 남자 일곱을 세워달라고 무리에게 청했다(행 6:1-6). 여기에 사도적 교회에 있었던 그리고 이를 본 삼은 우리에게도 마땅히 있어야 할 집사들의 어떠함이 보이지 않는가?
>
> – 존 칼빈/문병호 역, 『기독교강요』 제4권 128쪽에서

디모데전서 3:8-12에 나타난 집사의 자격은 무엇인가? (3)

4. 질서 있는 가정(딤전 3:11-12)

1) 경건한 아내(딤전 3:11)[2]

① 집사의 아내는 "정숙하고 모함하지 아니하며 절제하며 모든 일에 충성된 자"이어야 한다.

② 집사인 남편과 동일하게 품위 있고 존경받을 만해야 한다.

③ 다른 사람에 대해 험담하거나 거짓 소문을 퍼뜨려서는 안 된다. 바른 판단력을 발휘하여 바르게 판단하고, 결코 좌우로 편향되어 말하거나 행동하지 않는다.

---

[2] 디모데전서 3:11에 기록된 "여자"가 "집사의 아내"를 의미하는지, 아니면 "여자 집사"를 의미하는지에 관한 해석적 차이가 있다. 본서에서는 "집사의 아내"라는 견해를 따르도록 하겠다. 이러한 관점은 집사는 남자만이 될 수 있다는 보수적(문자적) 견해를 수용한다는 의미이다. 하지만 본문의 "여자"를 "여자 집사"라고 보는 해석 역시 열려 있다. "여자 집사"라고 보는 이 해석은 여성도 집사 및 장로 나아가 목사로 안수받을 수 있다는 주장의 중요한 근거가 된다. 교파와 교단의 신학에 따라 다양한 해석을 하고 있으며 그 결과가 그 교파나 교단의 정치 구조에 반영되어 있다.

④ 남편이 집사 직무를 잘 수행하도록 충성되게 도와야 한다. 여기서 충성은 단회적인 행동이 아니라 지속적인 행동 양식을 의미한다.

2) 순결한 결혼 생활(딤전 3:12)

① 집사 역시 장로와 마찬가지로 오직 "한 아내의 남편"이어야 한다.

② 집사는 그의 배우자에게 신실해야 한다. 배우자 외의 어떤 다른 이성을 감정적으로나 실제적으로 마음에 두어서는 안 된다(마 5:28).

③ 순결한 결혼 생활은 단지 결혼에 관한 것만은 아니다. 모든 도덕과 윤리에 있어서 순결해야 함을 의미한다. 깨끗한 도덕적 품성을 유지해야 함을 명령한다.

3) 질서 있는 가정(딤전 3:12)

① 집사는 장로와 마찬가지로 자기 집을 잘 다스려야 한다. 영적인 리더십과 봉사 사역을 그 자신의 집에서 증명할 수 있어야 한다.

② 집사는 가정을 잘 이끄는 경영자이어야 한다. 그의 자녀들에 대해서뿐만 아니라 가정의 모든 식솔이 신앙의 법도를 잘 준수하도록 해야 할 것이며, 가정의 모든 자원, 소유물 등을 포함한 모든 것에 탁월하게 운영해야 한다.

③ 당연히 집사의 자녀들은 교인이어야 한다. 물론 결혼을 통하여 독립한 자녀들의 신앙까지 책임지는 것은 무리일 수 있지

만, 적어도 미성년 자녀들의 신앙에 대해서는 큰 책임 있음을 자각해야 한다. 하지만 미성년 때의 신앙이 성년에게까지 연결된다는 차원에서 성년이 된 자녀의 신앙생활에 대해 부모가 책임이 없다고 말할 수는 없다.

> **부모의 믿음이 중요하다.**
> 신앙 전수를 위한 첫 단계는 "믿는 부모가 되는 것"이다. 부모의 믿음은 자녀에게 직접적으로 전해진다. 갈수록 악해지는 세상에서 부모는 믿음의 모델이 되어야 한다. 세상은 바른 삶보다는 빠른 삶을 가르친다. 말씀을 따라 사는 삶을 부정한다. 보암직도 하고, 먹음직도 한 것을 들고 우리 자녀들을 유혹한다. 일주일에 한두 시간 참여하는 활동으로 이 시대의 거센 조류를 극복하기는 역부족이다. 부모가 본연의 역할을 감당해야 한다. 태초부터 부모는 신앙 전수의 핵심으로 창조되었다(창 1:28). …… "부모의 믿음이 중요하다"라는 이 명제에 이견을 제시하는 사람은 거의 없을 것이다. 부모의 삶은 자녀에게 복음을 전하는 첫 번째 통로다. 부모가 먼저 하나님을 사랑해야 한다. 자녀와 좋은 관계를 맺는 것도 중요하지만, 그보다 더 중요한 것은 부모가 믿음으로 사는 것이다. 자녀와 아무리 친밀한 관계를 유지해도 부모에게 믿음이 없다면 전해줄 신앙이 없다. 신앙은 언제나 이전 세대에서 출발해 다음 세대에게 전해졌다(시 78:1-8).
>
> — 김기억, 『신앙전수 시너자이즈』에서

10

집사 직분을 잘 감당하면 어떤 결과가 있는가?

1. 신실한 집사 직분 봉사는 두 가지 보상을 받는다(딤전 3:13)

1) 아름다운 지위를 얻는다.

　① "아름다운 지위"란 문자적으로 "높은 자리"(high standing)를 의미한다. 즉, "아름다운 지위"를 얻는다는 말은 다른 사람보다 한 단계 높아진 자리에 서게 된다는 의미이다. 물론 이 자리는 드러내고 자랑하는 세속적 자리는 아니다. 그러나 집사 직분을 잘 감당한 사람이 받을만한 보상이다.

　② 집사 직분을 잘 감당하면, 하나님께서 그를 높이실 것이다(약 4:10; 벧전 5:6). 교회가 그를 높일 것이다(살전 5:12-13). 섬겼던 사람들로부터 존경을 받고 존귀함을 얻게 될 것이다.

2) 자신의 섬김에 있어서 큰 확신을 갖는다.

　① "예수 그리스도 안에 있는 믿음"이란 믿음 공동체, 즉 교회를 의미한다.

② "큰 담력"이란 주로 담대하게 말하는 모습을 묘사할 때 사용된다(행 4:13).

③ 잘 섬기는 집사는 자신이 섬김에 대한 자신감과 확신이 있다. 그러므로 더 큰 섬김의 자리로 나아갈 수 있다.

2. 건강한 교회가 된다

1) 자격을 잘 갖춘 집사들이 얼마나 많은가에 따라 교회의 건강과 생명력이 결정된다.

2) 복음의 원리도 모르고 믿음의 비밀도 가지지 못한 자들이 그저 재력이나 사회적 위치로 인해 집사 직분을 탐하고 있다. 이러한 자격 없는 집사들로 인해 교회는 혼란에 빠지고 교회 사역이 세속적 기준으로 진행된다.

3. 교인을 부르는 호칭으로 전락해버린 오늘날의 집사 직분을 다시 성경대로 회복해야 한다.

집사 직분은 거룩한 직분이기에 매우 엄정하게 주어져야 한다. 집사 되기가 지나치게 쉬워 보이는 오늘날 "하나님이 기뻐할 만한, 희생적으로 봉사할 수 있는 집사"가 절실하다.

11

집사 직분에 대한 오해들은 무엇인가?

1. 장로가 되기 전 단계이다

장로와 집사는 계급이 아니다. 서로 다른 은사이다. 교회의 직분은 계급이 아니라 직능이다. 장로보다는 낮은 계급이므로 장로보다 교회에 대한 책임이 덜하다는 생각은 잘못된 생각이다.

2. 집사는 명예를 얻는 직분이다

아니다. 집사는 순전히 "일"을 위해 생겨난 직분이다.

3. 집사는 교인 확보를 위한 직분이다

아니다. 서리 집사 제도의 부정적인 측면이다.

4. 집사는 권위를 부여받는 직분이다

아니다. 권위는 없고 일하는 책임만 있다.

5. 집사는 교회의 대표자이다

아니다. 목사와 비교할 때 집사는 순수한 평신도로서, 교회의 일꾼이다.

6. 집사는 장로의 견제 세력으로서 교회를 다스리고 운영한다

아니다. 교회를 다스리는 직분은 "장로"이다. 집사는 당회의 권위와 감독 아래 있다.

7. 집사는 교회 재정을 총괄한다

아니다. 단지 재정의 출납을 관리한다. 재정집행에 따른 권리자가 아니라 그것을 통한 봉사자이다. 교회의 재산이나 재정과 관련하여 중요한 일에 있어서 집사들은 당회의 승인이나 교인의 동의 없이 최종 결정을 내릴 수 없다. 집사는 모든 사역에 있어서 언제나 당회의 감독을 받아야 한다.

12

집사 직분을 내려놓을 수 있는가?

1. 집사가 자신의 기분과 감정에 의해서 함부로 사표를 제출하는 것은 경망스러운 행동이다

왜냐하면, 임직식 때 하나님의 은혜를 의지하여 성실하게 그리고 진실한 마음으로 집사 직분을 감당한다고 이미 서약했기 때문이다.

2. 집사가 강제적으로 사직을 당하는 것은 매우 불미스러운 일이다

강제 사직의 원인이 되는 이단에 연루되거나 악행에 빠지지 않아야 한다. 또한, 법이 정한 교인의 수가 시무를 원치 않으면 당회로부터 권고 사임을 당할 수 있음을 기억해야 한다.

3. 집사가 다음과 같은 경우는 자의적으로 집사 직분을 사임하는 것이 교회를 사랑하는 자로서 바람직하다

1) 정신이 흐려졌다.

2) 교회에 덕이 되지 못한다.

3) 기타 사정으로 시무를 계속하기 어렵다.

4. 일반적으로 집사(안수집사)는 전년까지 종신제이다

임기 도중에 어떤 이유로든 사임하는 것은 바람직하지 못하다. 성실하게 집사 직분에 충성하여 명예롭게 마치는 것이 집사의 아름다운 끝일 것이다.

5. 집사가 받는 복

1) 아름다운 지위를 얻는다. 딤전 3:13 "집사의 직분을 잘한 자들은 아름다운 지위와 그리스도 예수 안에 있는 믿음에 큰 담력을 얻느니라"

2) 믿음의 담력을 얻는다(딤전 3:13).

3) 더 큰 은사를 받는다(마 25:21).

4) 하늘의 상급을 받는다(계 2:10).

5) 주인의 위로를 받고 즐거움에 참여한다.(마 25:23; 계 21:4).

성경에 나와 있는 집사의 모델이 누구인가? (1)

1. 마가(행 12:25, 13:5; 골 4:10; 딤후 4:11)

1) 마가 요한이라고도 불리는 마가는 마리아의 아들이다(행 12:12). 마리아는 자신의 다락방을 제공함으로 초대교회를 출발할 수 있게 했던 여인이다. 이 다락방을 우리는 흔히 "마가의 다락방"이라고 부른다.

2) 마가는 바나바의 사촌 동생이기도 하다(골 4:10).

3) 마가는 바나바와 바울의 제1차 전도여행에 동행했던 사람이다(행 12:25). 그러나 중도에 포기하고 돌아가 버린(행 15:38), 중대한 실패를 경험한 사람이다. 이로 인해 바울과 바나바가 갈라지기도 했다(행 15:39).

4) 바울과 마가의 관계는 다시 회복했다.

① 바울은 마가를 동역자라고 부르고 있다(몬 1:24).

② 바울은 자기 죽음이 임박했을 때 마가를 보고 싶어 했다(딤후 4:11, "마가를 데리고 오라 그가 나의 일에 유익하니라"). 마가는 바울

의 충실한 동역자이자 친구였다.

③ 마가는 실패를 딛고 성장하고 성숙했으며 충실한 주님의 종이 되었고 바울은 그러한 마가를 동역자로 여겼다.

5) 마가는 마가복음의 저자이다. 마가복음은 4개의 복음서 중에 가장 먼저 기록된 복음서로 알려져 있다. 또한, 다른 복음서는 마가복음을 참고한 것으로 알려져 있다. 만약 마가가 없었다면 복음서기록은 어떻게 되었을까?

2. 누가(골 4:14; 딤후 4:11; 몬 1:24)

1) 바울과 끝까지 함께한 바울의 동역자요 주치의였다.

① 골로새서 4:14, "사랑받는 의사"

② 디모데후서 4:11, "누가만 나와 함께 있느니라"

2) 어떤 학자는 바울이 로마로 호송될 때 누가가 바울의 노예로 자원하여 동행했다고 주장한다. 당시 황제에게 재판받으러 갈 때 자유인은 두 명의 노예를 동반할 수 있었다고 한다. 만약 이러한 주장이 사실이라면 누가는 바울과 동행하기 위해 스스로를 노예 신분으로 만들기까지 했다는 의미이다.

3) 누가는 사람들에게 칭찬과 인정을 받았다

① 고린도후서 8:18의 "그 형제"가 누가로 알려져 있다.

② 사람들이 누가를 매우 좋게 평가하였다. 친절했으며, 사명을 위해 자신의 본업도 포기하였고, 바울을 위해 로마 감옥까지도 함께한 진정한 장로 혹은 집사의 표상이라 할 수 있다.

14

성경에 나와 있는 집사의 모델이 누구인가? (2)

3. 에바브로디도(빌 2:25-30)

1) 빌립보교회 성도이다.

2) 감옥에 갇힌 바울을 위해 헌금을 전달하기 위해 빌립보에서 로마까지 약 1,200㎞를 여행한 사람이다.

3) 그 여행은 당시로써는 매우 위험한 여행이었으며 더군다나 금전을 운반하는 여행이었기에 더욱 위험하였다. 이 일은 목숨을 담보로 한 일이었다. 바울은 이 일을 수행한 에바브로디도를 "자기 목숨을 돌보지 아니한"(빌 2:30) 사람으로 높이 평가하고 있다.

4) 에바브로디도는 빌립보교회에서 크게 신뢰받고 있었음이 틀림없다. 이 일은 아무나 할 수 있는 일이 아니었기 때문이다. 빌립보교회 교인들은 에바브로디도만이 이 일을 할 수 있다고 인정하고 그를 신뢰했음이 분명하다.

5) 바울 역시 에바브로디도를 "나의 형제요 함께 수고하고 함께 군

사"라고 표현하고 있다(빌 2:25).

6) 에바브로디도는 자신이 죽을병에 들었지만, 자기의 병을 걱정하는 것이 아니라, 자신이 병들었음을 전해 듣고 걱정하는 빌립보 교인들을 오히려 걱정하고 있다(빌 2:26). 그는 그만큼 자기보다는 교인들을 위해 마음을 쓰고 있는 사람이었다.

4. 에바브라

1) 에바브라는 골로새 사람(골 4:12)으로, 바울이 에베소에서 복음을 전하는 동안 개종한 사람으로 추정된다.
2) 에바브라는 그리스도의 신실한 일꾼이었다(골 1:7).
3) 에바브라는 교인을 위해 열심을 다해 기도하는 자이었다(골 4:12).
4) 에바브라는 목회자 바울과 끝까지 함께 함으로 감옥에까지 동행했다(몬 1:23).

5. 빌레몬

1) 빌레몬은 목회자의 사랑을 받는 동역자이었다(몬 1:1).
2) 빌레몬은 사람들에게 그가 하나님과 사람을 지극히 사랑한다는 평가를 받았다(몬 1:5).
3) 빌레몬은 교인들의 마음을 평안하게 만드는 사람이었다(몬 1:7). 분명 교인들은 교회에 무슨 일이 있을 때마다 빌레몬을 생각하며 안심하고 평안해 했을 것이다.

성경에 나와 있는 집사의 모델이 누구인가? (3)

6. 오네시보로(딤후 1:16-18)

1) 오네시보로는 목회자 바울을 자주 격려했다(딤후 1:16) 격려해주었다는 원어의 뜻은 "시원하게 해주다"라는 의미를 담고 있다.

2) 오네시보로는 옥에 갇힌 목회자 바울을 부끄러워하지 않고(딤후 1:16) 목회자 바울을 자주 찾아왔다(딤후 1:17).

3) 바울이 옥에 갇히자 어떤 교인들은 바울을 부끄러워하고 찾아오지 않았던 것으로 보인다. 동역자로 믿었던 데마라는 사람은 바울을 버리고 떠났고, 다른 동역자들도 바울과 멀리 떨어져 있었다(딤후 4:10). 바울이 인간적으로 매우 외롭고 힘들었을 때인데, 이러할 때 오네시보로는 바울을 부끄러워하지 않고 찾아와 바울을 격려해주었다. 바울에게는 천군만마와 같은 존재였을 것이다.

4) 오네시보로는 교회에 많이 봉사했다(딤후 1:18).

5) 목회자 바울은 오네시보로를 간절하게 축복했다(딤후 1:16, 18).

> **청지기란?**
> ① 청지기("오이코노모스")는 원래 큰 집의 가사를 책임지고 돌보는 일을 맡은 종을 가리킨다. 그는 주인의 식탁에서 시중을 들며 다른 종들에게 지시를 내리고, 집안의 가사를 담당하는 종이다. 이 청지기 직이 발전하여 다양한 전문적인 청지기 직이 파생했다. (교육, 재무, 가사…….) 한 마디로 청지기는 주인에게 유익(이익)을 남기기 위해 자신에게 주어진 자산과 권한을 사용하여 일(장사, 경영)하는 자이다. 즉 청지기는 주인의 대리자이며, 주인의 재산을 관리하는 자이며, 결국에 주인과 결산하는 자이다(창 24:2; 39:8).
> ② 하나님의 백성들은 넓은 의미에서 모두가 하나님의 청지기이다. 누가복음 12:42에는 "지혜 있고 신실한 청지기가 되어 주인에게 그 집 종들을 맡아 때를 따라 양식을 나누어 줄 자가 누구냐"라고 기록되어 있다. 여기서 주인은 하나님을, 주인의 집이란 교회 또는 세상을 가리킨다. 즉 성도는 청지기로서 교회와 세상의 관리자로서 부름을 받은 것이다. 청지기는 하나님의 대리인이다.
> ③ 교회의 제직(장로, 집사, 권사)은 좁은 의미에서 직접적인 하나님의 청지기이다. 이러한 청지기라는 단어만큼 교회 내 제직의 자세와 봉사를 나타내는 단어는 성경에 없다. 성경에 기록된 청지기를 잘 살펴보면 오늘날 교회 내에서의 제직의 역할을 잘 배울 수 있을 것이다.

장로와 집사의 성경적 자격 비교

덕목	성구	직분	
		직분	집사
책망할 것이 없음	딤전 3:2; 딛 1:6, 7	●	
한 아내의 남편	딤전 3:2,12; 딛 1:6	●	●
절제함	딤전 3:2; 딛 1:8	●	
신중함	딤전 3:2; 딛 1:8	●	
단정함	딤전 3:2	●	
나그네 대접	딤전 3:2; 딛 1:8	●	
잘 가르침	딤전 3:2; 5:17; 딛 1:9	●	
술을 즐기지 않음	딤전 3:3, 8; 딛 1:7	●	●
구타하지 않음	딤전 3:3; 딛 1:7	●	
관용함	딤전 3:3	●	
다투지 않음	딤전 3:3	●	
돈을 사랑하지 않음	딤전 3:3	●	
자기 집을 잘 다스림(자녀)	딤전 3:4, 12; 딛 1:6	●	●
새로 입교하지 않음	딤전 3:6	●	
외인에게도 선한 증거를 얻음	딤전 3:7	●	
정중함	딤전 3:8		●
일구이언하지 않음	딤전 3:8		●
더러운 이를 탐하지 않음	딤전 3:8; 딛 1:7	●	●
깨끗한 양심을 가짐	딤전 3:9		●
고집대로 하지 않음	딛 1:7	●	
급히 분내지 않음	딛 1:7	●	
선행을 좋아함	딛 1:8	●	
의로움	딛 1:8	●	
거룩함	딛 1:8	●	
가르침을 그대로 지킴	딛 1:9	●	

4부

권사란 누구인가?

권사란 누구인가?

1. 권사는 여성으로서 "권면하는 스승"이다

1) 한자어로 "勸師"이며, 영어로는 "exhorter"이다. 권사는 매우 존귀한 명칭으로, 직역하면 "권하는 스승"이라는 의미이다.
2) 교회에서 전도와 봉사와 권면의 일을 감당하는 여성 직분자를 의미한다.
3) 장로교 헌법에는 권사가 임시직 직원으로 분류되어 있으나, 그러나 권사는 "안수 없는 종신직"으로 구분되어 다른 임시직(전도사, 전도인, 서리집사)과는 달리 그 존재의 중요성을 부여하고 있다.

2. 권사 직분은 성경에서 문자적으로 찾아보기 어렵다

1) 한국 교회(장로교)에 자리 잡은 권사 직분은 성경에서 그 유래를 찾아내기 어렵다. 그러나 성경에 권사 직분이 나타나지 않는다

고 하여 권사 직분의 정당성이 없다고 말할 수는 없다.

2) 하나님께서는 역사 속에서 시대마다 그 시대에 맞는 새로운 명칭과 역할의 교회 직분을 허락하셨다. 이러한 사실은 교회가 성경 속에 나와 있는 그 직분에만 제한되지 않아도 됨을 의미한다. 교회 직분은 "오히려 그 시대의 형편과 필요에 의해 성경의 정신으로 항상 개발되고 발전될 수 있도록 개방적인 것"이어야 한다. 이러한 차원에서 한국 교회가 창안하여 활용한 직분이 바로 권사 직분이라 할 수 있다.

3) 권사란 칭호가 주어진 것은 아니지만 권사로 인정할 만한 인물이 성경에 등장한다. 권사로 불릴만한 성경 속의 여성은 예수님을 섬긴 여인들을(눅 8:2-3) 비롯하여 브리스길라(롬 16:3), 뵈뵈(롬 16:1), 루디아(행 16:40) 등이다.

3. 권사는 한국교회의 독특한 직분이다

1) 교회 역사를 성령께서 주관한다고 믿을 때, 한국교회 역사 속에서, 특별히 장로교회를 통해 고유하게 발생하여 모든 교파를 초월하여 자리 잡고 발전된 권사 직분 제도를 비성경적이라고 말할 수는 없다. 하나님께서는 한국교회의 문화적 상황과 권사 직분을 주셨고 발전시키셨음을 믿어 의심치 않는다.

2) 권사 직분에 대한 기준들이 성경에 구체적으로 나타나 있지 않다는 약점 때문에, 권사 직분을 잘못 활용하면 작지 않은 문제가 발생할 수 있으며, 때문에 한국 교회 역사를 통해 발전된 건

전하고 건강한 권사 직분의 기준들이 면밀하게 적용되어야 할 것이다.

> **권사의 봉사 자세**
> ① 헌신으로 봉사하라.
> ② 사랑으로 봉사하라.
> ③ 순종으로 봉사하라.
> ④ 겸손으로 봉사하라.
> ⑤ 연합함으로 봉사하라.
> ⑥ 자원함으로 봉사하라.
> ⑦ 부지런함으로 봉사하라.
> ⑧ 신실함으로 봉사하라.
> ⑨ 믿음으로 봉사하라.
> ⑩ 소망 가운데 봉사하라.
>
> — 황대식, 『좋은 권사 되게 하소서』 중에서

한국교회의 권사 직분은 어떻게 시작되었는가?

1. 권사 직분의 시작은 감리교회이다

1) 권사 직분의 시작은 감리교회라고 보는 것이 옳을 듯하다.

2) 권사 직분은 존 웨슬리에 의해서 1746년에 시작되었으며, 그 뜻은 "권면하는 자"이었다. 그들의 주된 임무는 목사를 도와서 교인을 심방하고 그들에 대해 신앙적 권면을 하는 것이었다.

3) 이러한 유래의 권사 직분을 한국 감리교회에서 도입하여 그대로 사용하였다.

2. 한국장로교회가 권사 직분을 한국교회의 전통으로 만들었다

1) 한국 감리교회에서 활용하던 권사 직분을 장로교가 도입하였을 때는 1955년 제40회 대한예수교 장로회 총회에서 이다.

2) 총회는 신앙과 삶이 모범적이고 교회에 최선의 헌신을 하는 여성에게 권사 직분을 부여하기로 했다.

3) 장로교가 권사 직분을 제도화한 이후 권사 직분은 한국교회의 전통이 되었으며, 남자 안수집사에 준하는 항존직으로 자리 잡았다.

4) 권사 직분은 한국교회에서 여성에게 주어지는 가장 존귀하고 영예로운 직분이 되었다.

3. 권사 직분의 출발 배경[3]

1) 오랫동안 봉사해온 여성 교인들에 대한 배려이다.

① 긴 시간 동안 교회에 봉사한 여자 서리집사에 대한 예우가 필요했다.

② 물론 교회 직분에는 승진 개념이 없다. 그럼에도 남자의 경우 임시직에서 항존직으로 가는 길이 열려 있지만 여자의 경우 임시직인 서리집사에 평생 봉직할 수밖에 없었다.

③ 이러한 상황을 보완하려는 목적으로 권사 제도가 생겨났음은 부인할 수 없다.

2) 여자 일꾼의 발굴 및 활용을 위해서이다.

① 교회에는 여성의 역할이 필요하고 여성만이 할 수 있는 일도 있는바, 이런 일에 적합한 여성을 등용하여 교회의 기능을 활성화하려는데 목적이 있었다.

② 유능하고 신실한 여성 인재를 방치하는 것도 하나님 나라 확

---

[3] 박종열목사는 1993년에 『제직의 도리』라는 책을 썼는데 그 책 65쪽에 나타난 내용을 인용했다.

장과 교회운영에 있어서 막대한 손실이다. 이러한 인재를 특별한 직분에 임하게 하여 그들의 능력 발휘를 돕는 것은 합당하다.

3) 정치적 배려이다.
   ① 어떤 교파에서는 여성 안수집사, 여성 장로, 나아가 여성 목사가 존재한다.
   ② 여성 안수가 금지된 장로교단의 정치적 배려로 권사 직분 제도가 활용되었음을 부정할 수 없다.

3

어떤 사람이 권사 직분을 맡게 되는가?

1. 교회법에 따른 자격

1) 일정한 나이에 도달한 사람이어야 한다. 보통 45세 이상이지만 최근에 권사의 취임 연령이 점점 젊어지고 있는 추세이다.

2) 일정 기간의 무흠한 교회 생활을 해야 한다. 전통적으로 입교인으로 무흠하게 최소 5년이 경과한 여자 교인이어야 한다. 당연히 그 기간에 교회를 충성스럽게 봉사했어야 한다. 어떤 교회에서는 서리집사로 임명된 후 일정 기간을 경과해야 한다는 규정을 두기도 한다.

3) 행위가 성경에 적합하고 생활에 있어서 다른 사람들에게 모범이 되는 여자 교인이어야 한다.

4) 좋은 명성과 건전한 판단력을 가진 여자 교인이어야 한다.

2. 성경적 자격

1) 성경에는 정확하게 권사라는 직분이 등장하지 않기에 권사에 대한 성경적 자격을 문자적으로 찾기는 쉽지 않다. 그러나 권사 직분이 적어도 남성들의 안수집사에 비견되는 만큼, 적어도 성경에 나와 있는 안수 집사의 자격에 준하는 자격을 갖추어야 함이 당연하다.

2) 성경에는 교회의 여성 지도자들(연장자)에 대한 규범이 있는바, 그러한 규정을 통해 권사의 자격을 살펴볼 수 있을 것이다.

3) 디도서 2:3, "늙은 여자로는 이와 같이 행실이 거룩하며 모함하지 말며 많은 술의 종이 되지 아니하며 선한 것을 가르치는 자들이 되고"

① 행실이 거룩

② 모함하지 않음

③ 술의 종이 되지 않음

④ 선한 것을 가르침

4) 디모데전서 3:11, "여자들도 이와 같이 정숙하고 모함하지 아니하며 절제하며 모든 일에 충성된 자라야 할지니라"

① 정숙

② 모함하지 않음

③ 절제

④ 충성된 자

5) 디모데전서 5:3-10에 나타난 "참 과부"를 오늘날 권사의 성경적

자격으로 볼 수 있다.

① 주야로 간구와 기도

② 책망받을 것이 없음

③ 성숙한 나이("나이가 육십이 덜 되지 아니하고")

④ 한 남편의 아내

⑤ 선한 행실의 증거

4

권사 직분에는 어떤 종류가 있는가?

1. 교파나 교단에 따라 다양한 권사로 분류하여 교회를 섬기게 한다.

2. 시무권사

교인의 투표에 의해서 취임한 권사로서 교회가 정한 시무 기간 (보통 45세 이상 70세 이하) 동안 봉사하는 권사이다.

3. 은퇴권사

교회가 정한 정년이 되어서 퇴임한 권사이다. 권사는 종신제이기에 정년이 지나도 권사로서의 직분은 사라지지 않는다.

4. 명예권사

투표에 의해 권사로 취임하기에는 나이가 많은(보통 60세 이상) 신실한 여자 교인을 선거가 아닌 당회의 결의만으로 권사에 취임하게 하는 권사이다. 명예권사의 의무 역시 시무권사의 의무와 같으며 시무권사와 동일한 취임식을 갖는다.

5. 무임권사

타교회에서 권사 취임을 하여 이명한 권사이다. 교회의 투표를 통해 시무권사로 취임할 수 있다.

감리교회는 감독 정치이다. 즉, 감독(목사)들이 모든 교회의 직무를 결정하는 구조이다. 그렇기에 감리교회에는 평신도들의 대표자라 할 수 있는 장로 직분이 원래는 없었다. 하지만 한국감리교회는 (아마도 장로교회의 영향으로) 장로 직분자를 세우고 있으며, 그 장로 직분이 교회의 중직을 맡아 교회를 운영하고 있다.

감리교회에서는 남자나 여자나 집사 직분 다음 단계로 권사가 된다. 장로교회를 비롯한 기타 종파에 존재하는 안수집사 직분이 감리교회에는 없다. 그렇기에, 감리교회에서는 서리집사, 권사, 장로라는 직분 체계를 갖고 있다. 조금 더 정확하게 말하자면, 초기 한국감리교회에서는 평신도에게 직분은 없었고 직책만 있었으며, 이 직책을 감당할 사람들을 위해 "집사"란 직분을 부여하였다. 또한, 교인이나 비신자들에게 말씀을 전하고 신앙생활 권면을 위한 역할을 위해 남녀 평신도들에게 "권사"라는 직분을 허용한 것이다.

권사 직분자가 해야 할 일이 무엇인가? (1)

1. 담임목사를 비롯한 목회자를 격려하고 후원자가 된다

1) 관심을 두고 격려해 줌으로 후원한다.

2) 간절한 기도로 후원한다.

3) 목회 방향에 동의함으로 후원한다.

4) 목사가 직면하는 많은 상황에서 보호자가 되어 줌으로 후원한다.

5) 후원자로서의 모범

① 엘리야의 후원자 사르밧 과부(왕상 17:9)

② 엘리사의 후원자 수넴 여인(왕하 4:8)

③ 바울의 후원자 겐그레아 교회의 뵈뵈(롬 16:1)

2. 교인을 심방하여 살핀다

1) 권사는 목사의 후원자일 뿐 아니라 교인의 후원자이기도 하다.

2) 권사는 심방을 할 수 있을 정도의 덕망과 인품을 갖추어야 한다.

권사의 심방이 역효과를 가져오거나 심방을 사적인 용도로 사용해서는 안 되기 때문이다.

① 사람을 품을 수 있는 넉넉한 너그러움과 여유를 가져야 한다.

② 사람을 불쌍히 여기는 자비심을 가져야 한다.

③ 교양과 감화력과 설득력을 갖추어야 한다.

④ 시간과 수고를 드릴 열정이 있어야 한다.

3) 권사가 심방하여 살펴야 할 대상들

① 초신자, 영적으로 연약한 자

② 시험 중에 있는 자, 환란을 당한 자

③ 낙심한 자, 실패를 경험한 자

④ 병자, 궁핍한 자

⑤ 목사가 심방하기를 요청한 자

권사의 목회자에 대한 자세

① 권사는 목회자를 위하여 기도해야 합니다(롬 15:30; 골 4:12).

② 권사는 목회자의 뜻에 민감해야 합니다. 목회자가 어떤 생각을 하고 있는지 잘 살펴야 합니다. 목회자의 생각에 익숙해져야 합니다.

③ 권사는 목회자의 생각을 성도들에게 이해시키는 일을 해야 합니다.

④ 권사에게는 목회자를 돕기 위하여 순종하고 희생해야 합니다.

– 인터넷상의 글 중에서

권사 직분자가 해야 할 일이 무엇인가? (2)

3. 교회의 덕을 세우기 위하여 애쓴다

1) 권사 직분은 교회의 분위기에 큰 영향을 끼치는 직분이다. 왜냐하면, 여성 교인들의 리더이자 대표에 가깝기 때문이다. 따라서 언제나 언행에 있어서 교회에 끼치는 영향을 염두에 두어야만 한다.

2) 권사는 교회의 덕을 세우기 위해 특별히 언어에 있어서 지혜와 절제가 필요하다. 권사의 부주의한 언어로 인해 교회의 분위기와 여론이 나빠지는 일이 다반사이다. 가능하면 말을 아껴야 하며, 부정적인 여론이나 분위기 그리고 소문의 시작이 권사의 입이 되어서는 안 될 것이다.

3) 권사들의 남편은 대부분 교회의 중책을 맡고 있다고 하겠다. 권사는 교회의 중직자 남편을 후원하고 그 직책에 따른 책임감을 같이 느껴야 한다. 따라서 남편을 교회 중심으로 인도하고 남편

을 위해 기도해야 할 것이며, 남편의 직무와 관련되어 알게 된 사항에 대하여 비밀을 유지하는 등 본인으로 인해 남편의 직무가 훼손되는 일이 없도록 주의해야 한다.

4. 영적인 분별력을 갖는다

1) 권사는 일반적으로 교회의 기도의 어머니 역할을 감당한다. 권사들의 기도로 교회가 유지된다는 말이 과언이 아니다. 권사는 교회의 영적 분위기 조성자이며 권사의 경건하고 신앙적인 모습으로 인해 교회가 평안하고 건강해지며, 많은 교인이 교회 생활의 안정감을 느끼게 된다. 권사는 그러한 권사의 위치를 인식하고 중대한 책임감을 느껴야 한다.

2) 권사는 건전한 신앙관과 영적 분별력을 소유해야 한다. 때로 권사가 신비적 은사론에 빠지거나 이단 사설에 감염되었을 경우, 권사의 위치와 영향력을 고려하건대, 교회에 큰 혼란이 초래된다. 때문에, 권사는 바른 성경관과 교회론, 그리고 신앙관을 소유하여 교회의 영적 지킴이가 되어야 할 것이다.

7

권사 직분자가 해야 할 일이 무엇인가? (3)

5. 일반적 개인의 삶에 있어서 모범이 된다

1) 권사는 교회의 권사이기 전에 가정에서 아내요 어머니이요 시어머니이요, 동네에서는 이웃이며 동네 사람이다. 권사는 이러한 교회 밖의 일반적 역할에 있어서 그리스도인다운 모습을 보여야 한다. 권사의 삶으로 인해 복음 전도의 장애가 된 경우가 더러 있다.

2) 권사는 며느리에게 칭찬과 존경을 받는 그리스도인 시어머니가 되고, 동네에서 호평을 받는 착한 아주머니가 되고, 자녀들로부터 인정받는 그리스도인 어머니가 되어야 한다. 단적으로 권사인 시어머니 때문에 교회를 멀리하려는 며느리가 있다는 소리까지 있음을 기억해야 한다.

6. 아래와 같은 행위를 금해야 한다. 아래와 같은 행위는 덕을 세우지 못하는 경우로서 교회에 해를 가하는 가해자가 된다

1) 권사는 교인들과 돈거래가 없어야 한다. 여러 교회가, 권사가 그 직위를 활용하여 교인들과 채권 채무 관계를 맺음으로 인해, 결과적으로 큰 피해를 겪는다. 권사는 비록 그것이 선한 목적이라 하더라도 교인과의 돈 거래, 심지어 정당하게 물건을 사고파는 행위까지도 해서는 안 될 것이다. 자칫 물질적 가해자가 된다.

2) 말을 옮기지 말아야 한다. 권사의 입은 교회의 건강함을 결정한다. 권사는 중직자인 남편을 통해서나 아니면 심방을 비롯한 교인과의 빈번한 접촉을 통해서 교회 안팎의 여러 정보를 얻게 되고 교인들의 상황을 알게 된다. 이렇게 알게 된 내용에 대해 권사는 비밀을 지켜야 한다. 특별히 "기도해 주자"라는 명분으로 교인의 사적 생활이 알려지게 해서는 안 된다. 자칫 인격적 가해자가 될 수 있다.

3) 권면과 인도라는 명목으로 교인을 함부로 나무라거나 판단하거나 정죄하지 않아야 한다. 권사는 그 위치상 교인을 함부로 판단하고 나무랄 수 있다. 자칫 신앙적 가해자가 될 수 있다.

7. 권사 직분을 원하는 사람은 많으나 권사 직분을 감당하기에 적합한 사람은 그리 많다고 할 수 없다

권사 직분은 사치품이나 장식품이 아니다. 열심과 덕망이 있어야 하는 직분이다.

나의 경험에 의하면, 자비를 베푸는 사역은 편견을 없애는 가장 강력한 방법이며, 믿음의 말에 귀를 기울이도록 사람들의 마음을 열게 한다. 만일 당신이 선을 행하는 일에 몰두하는 것을 사람들이 본다면, 당신이 선하다는 것과 당신이 사람들에게 권하는 것이 선한 일임을 더 쉽게 믿을 것이다.

― 리차드 벡스터, 『현대인을 위한 참된 목자』 중에서

내가 생각하는 최고의 대인관계 기술은 새로운 사람을 만날 때 추측에서 비롯된 쓸데없는 가정을 하지 않는 것이다. 가능하면 좋은 쪽으로 생각하고, 상대방에 대한 당신의 관심과 배려를 최대한 표현하려 노력하라.

― 카이스 페라지, 『혼자 일하지 말라』 중에서

권사가 심방 시 주의해야 할 사항은 무엇인가?

1. 스스로 교회의 대표임을 인식하고 있어야 한다

2. 단순한 사회적 방문이 아님을 인식하고 있어야 한다

심방의 최종 목적은 피심방자의 양육(영적인 발전)이다. 심방을 가서 친구처럼 재담을 즐길 수 있다. 그러나 그것으로 끝나서는 안 된다. 그것이 선을 이루고 덕을 세우는 영적 교제로 발전해야 한다(롬 15:2). 환자와 만난 의사가 환자와 즐길 수만 있는가?

3. 피심방자의 상황을 재빨리 판단해야 한다

적절한 시간을 배려해야 하며, 피심방자가 지금 어떤 상황에 직면해 있는지를 살펴야 한다(청소 중인지, 외출준비 중인지, 가지 말라는 권유가 피상적인지를 분별하여 심방 기회나 길이를 융통성 있게 조정한다).

4. 어투는 염려가 깃든 돌봄의 어조를 사용해야 한다.

5. 인내를 갖고 주의 깊게 피심방자의 말을 경청해야 한다.

6. 진실한 사랑을 갖고 경의를(긍정적인 태도) 표해야 한다.

7. 논쟁을 피해야 한다

주제를 벗어나지 않도록 하라. 모든 것을 다 설명하려 들지 말라. 설명해야 할 것인지 다음 기회로 미룰 것인지를 신속히 결정해야 한다.

8. 수동적이지도, 공격적이지도, 부담을 주지도, 양보적이지도 말라. 그러나 권고(勸告)하라

9. 미리 준비한 자료를 통해 예수님을 말하라(세상을 말하지 말라)

보다 효과적으로 되기 위해 개인적인 체험이나 타인의 간증, 그리고 적절한 예화를 사용하라

10. 진짜 사랑하는 마음으로 끊임없는 관심을 보여라

11. 심방의 결과를 반드시 담임 목사에게 보고해야 한다

권사 직분을 내려놓을 수 있는가?

1. 기분과 감정에 의해서 함부로 사표를 제출하는 것은 경망스러운 행동으로서 하나님과 교회에 대한 바른 자세가 아니다

왜냐하면, 권사는 임직식에서 권사의 직분을 받고 하나님의 은혜를 의지하여 진실한 마음으로 권사 직분을 힘써 봉사할 것과 교회의 화평과 연합과 성결을 위하여 충성하겠다고 하나님과 교회 앞에 서약했기 때문이다.

2. 권사로서 평생 권고 사임이나 해임을 당하는 불상사가 발생하지 않도록 조심해야 한다

권사로서 이단이나 악행의 혐의가 있으면 해임될 수 있고, 이단이나 악행이 없을지라도 법이 정한 교인의 수가 시무를 원하지 않을 경우 당회로부터 권고 사임을 당할 수도 있다.

3. 불가피한 경우에는 자의에 의한 사임을 할 줄 아는 교양과 지혜가 있어야 한다

정년 전이라고 하더라도, 정신이 흐려지거나, 기타 사정으로 시무하기 어려울 때, 또는 교회에 덕이 되지 못한다고 판단될 때는 자의 사임하는 것이 교회를 사랑하는 주님의 종 된 자의 자세이다.

4. 권사는 특별한 사유가 없는 한 정년까지 가는 종신제이다

따라서 중간에 사임하는 사태가 발생하는 것은 지극히 비정상적이다. 가장 이상적인 것은 성실하게 권사 직분에 충성하여 명예롭게 마치는 것이다.

10

성경에 나와 있는 권사의 모델이 누구인가? (1)

1. 루포의 어머니

1) 루포는 예수님의 십자가를 부지중에 억지로 지고 간 구레네 시몬의 아들이다(막 15:21).

2) 이름이 나와 있지 않은 "루포의 어머니"는 당연히 구레네 시몬의 아내이다.

3) 구레네 시몬은 예수님의 십자가를 억지로 지고 간 후에 그 가정이 회심하였고 복을 받아 신실한 그리스도인이 되었을 것으로 추정된다.

4) 바울은 루포의 어머니를 "내 어머니니라"(롬 16:13)라고 선언했다. 바울은 루포의 어머니를 자신의 영적 어머니, 나아가 실제적 어머니로 여겼음을 알 수 있다.

5) 루포의 어머니가 얼마나 바울을 아끼고 섬겼으면, 그녀가 얼마나 바울을 위해 기도해 주었으면, 그리고 그녀가 얼마나 바울을

아끼고 보호하고 후원하고 충성해주었으면 바울은 그녀를 자신의 "어머니"라고까지 말했을까?

2. 루디아(행 16:40)

1) 사도행전 16장 14절과 40절 단 두절에 나타난 빌립보교회 개척 교인이자 성경에 기록된 유럽 지역의 첫 번째 성도이다.

2) 자색 옷감을 판매하는 여성 사업가로서 재력을 갖추고 있었다(행 16:14). 학자들은 그녀가 루디아란 지역 출신의 노예였는데 후에 자유인이 되었을 것으로 추측한다. 만약 이 추측이 맞는다면 그녀는 가장 천한 노예로부터 시작하여 그 지역에서 재력을 갖춘 가장 높은 여성 사업가 위치까지 도달한 한 마디로 여장부였음을 알 수 있다.

3) 루디아는 이미 "하나님을 섬기는"(행 16:14) 여인이었다. 즉 그녀는 이미 유대교 신자이었다. 그녀는 바울의 복음을 받아들였으며 온 가족이 세례를 받았다. 그리고 목회자들에게 숙소와 음식을 제공하는 것을 그의 사명으로 여겼다(행 16:15).

11

성경에 나와 있는 권사의 모델이 누구인가? (2)

3. 뵈뵈(롬 16:1-2)

1) 뵈뵈는 로마서 16장 1절에서 2절에 나타나 있다. 그러나 이 두 절에서 우리는 뵈뵈에 관한 권사의 전형적 모습을 발견할 수 있다.

2) 뵈뵈는 고린도교회가 세워진 고린도의 위성도시인 겐그레아 교회의 여성 교인이다. 바울은 이 겐그레아 교회에서 로마서를 기록한 것으로 보인다. 그리고 이 로마서를 로마교회까지 전달한 사람이 다름 아닌 뵈뵈라는 여자 교인이었다.

3) 뵈뵈는 겐그레아 교회의 "일꾼"이었다.
   ① 바울은 뵈뵈를 "일꾼"이라고 말하고 있다. 일꾼이란 단어는 훗날 "집사"라는 직분으로 번역되기도 했지만, 당시에는 집사라는 직분이 아직 생성되기 전이었기 때문에 뵈뵈가 집사라고 말하기에는 어려움이 있다.

② 일꾼이란 단어는 말 그대로 모든 신실한 일꾼, 종, 사환, 봉사자를 가리킬 때 사용되었다. 뵈뵈는 교회 일을 도맡다시피 한 여종이었던 것으로 판단된다.

③ 뵈뵈는 두 달여가 소요되는 그 멀고 위험스러운 길을 여행해서 로마서 원본을 로마교회에 전달했다. 쉽지 않은 일인데 뵈뵈가 이 일을 감당했다. 하나님은 성경을 기록하기 위해 여성을 사용한 적이 없으시다. 그러나 그 귀한 성경을 현장에 전달하기 위해서 뵈뵈라는 여자를 사용하셨다. 교회의 기초를 진리로 다지기 위해 하나님께서는 뵈뵈를 사용하신 것이다.

4) 뵈뵈는 교인들과 바울의 "자매"였다. 바울은 뵈뵈를 "우리 자매"라고 했다. 뵈뵈는 교회의 여러 사역자들과 성도들의 자매이었다. 뵈뵈는 성도들을 동정하고 이해하고 긍휼히 여기고 사랑했던 온 교회의 자매이었다. 동시에, 뵈뵈는 바울의(목회자들) 자매로 살았다.

5) 뵈뵈는 성도들과 바울의 "보호자"였다.

① 바울은 뵈뵈를 "여러 사람과 나의 보호자"라고 했다. "보호자"라는 단어는 헬라어로는 "프로스타티스"(prostatis)이고, 영어로는 "helper"며, 후원자, 도우미를 의미한다. 이 단어는 당시에 예술가들에게 물질적으로 그리고 정신적으로 후원해주는 부자들, 후원자들을 가리키는 단어였다.

② 뵈뵈는 교회의 (여러 사람과 바울) 물질적 정신적 후원자이었다. 뵈뵈는 아마도 겐그레아 지역에서 비즈니스를 운영하는 상당

한 재력을 소유한 사람으로 추측된다. 영향력 있는 여성 사업가이었던 것으로 보인다.

③ 뵈뵈는 그가 가진 영향력과 경제적인 능력을 그리고 그의 시간과 노력을 교회 내의 많은 사람을 위해 사용함으로 보호자 역할을 감당했다. 가난한 자들의 물질적 보호자였다. 연약한 자들의 든든한 보호자였다. 도움이 필요한 사람들의 든든한 방패 역할을 했다. 그렇다. 뵈뵈는 성도들과 목회자의 보호자이었다.

6) 뵈뵈는 힘이 드는 사명 감당의 길을 걸었다. 뵈뵈는 사업가였다. 그러나 자신의 사업보다도, 돈을 버는 것보다도, 인간적 행복과 육신의 편안함보다도, 더 중요한 그 무엇이 있었다. 그것은 예수님을 만남으로 인해 생겨난 것이었다. 바로 사명이었다. 그는 사명을 감당하기 위한 수고와 피곤함과 고생과 손해를 자원했다.

12

성경에 나와 있는 권사의 모델이 누구인가? (3)

4. 브리스길라(롬 16:3-4)

1) 브리스길라(혹은 브리스가)는 보통 그녀의 남편 아굴라와 더불어 쌍으로 성경에 기록되어 있다. 그런데 성경에 기록된 6회의 기록 가운데 4회가 남편인 아굴라보다 부인인 브리스길라를 먼저 기록하고 있다. 일반적이지 않은 이 표기법에 어떤 의미가 있을까? (남편보다 당시 사회적 신분이 높아서? 아니면 교회 안에서의 역할과 영향력이 남편보다 더 적극적이고 탁월해서?)

2) 브리스길라는 그 이름으로 볼 때 로마의 귀족일 가능성이 매우 크다. 반면 그의 남편 아굴라는 소아시아 본도 태생의 유대인으로, 장막제조업자였다. 따라서 로마 귀족 계급인 브리스길라가 천막제조업을 하던 유대인 평민과 결혼을 한 것으로 볼 수 있다.

3) 로마 귀족 가문의 브리스길라가 우연한 기회에 복음을 받아들

여 로마교회에 출석하였고 교회 안에서 신앙 좋은 유대인 평민을 만나 결혼하였던 것으로 보인다. 사실 이러한 결혼은 당시에 쉽지 않은 결혼이었으며, 브리스길라 입장에서는 많은 것을 희생해야만 하는, 특별히 로마 시민권을 포기해야만 하는 결혼이었음이 분명하다. 실제로 로마에 유대인 추방령이 내려졌을 때 그녀는 남편을 따라 로마를 떠나야 했으며, 천민들이 하던 가죽 세공업에 종사해야만 했다. 그것은 믿음의 길을 따라 결혼한 대가이었다.

4) 로마에서 추방된 이들은 고린도(이곳에서 바울을 처음으로 만났다), 에베소, 그리고 다시 로마로 돌아가서 오직 하나님의 영광과 일만을 위해 살았는데, 브리스길라와 아굴라가 항상 쌍으로 기록되어 있음을 볼 때 이들의 부부생활은 너무나 건강하고 신앙적이었음을 추측해 볼 수 있다.

5) 브리스길라는 매우 지혜롭게 아볼로의 한계성을 깨닫게 하여 그를 변화시켰다. 아볼로가 요한의 세례까지만 알고 있는 것을 보고 성령 세례와 복음의 진리를 알게 한 것이다(행 18:25-26). 아볼로가 당시 자타가 인정하는 유능한 학자이었음을 고려할 때, 이 일은 절대 쉽지 않은 일이었는데, 브리스길라는 이 어려운 일을 지혜롭게 수행한 것이다. 상대방의 마음이 상하지 않게 하면서도 바른 내용을 조언하는 일은 쉽지 않은 일이다.

6) 브리스길라는 바울의 동역자이었다(롬 16:3).

7) 목회자 바울을 위해 그녀의 목숨까지도 내놓았다(롬 16:4).

8) 브리스길라를 아는 사람과 교회는 모두 그녀에게 감사했다(롬 16:4).

> **진실한 청지기**
>
> 우리는 다른 사람을 섬김으로 하나님을 섬긴다. 세상에서 위대함은 권력, 소유물, 명성, 지위 등으로 결정된다. 많은 섬김을 받으면 성공했다고 한다. 그러나 예수님은 위대함을 신분이 아닌 섬김의 잣대로 측정하신다. 얼마나 섬김을 받느냐가 아니라 얼마나 다른 사람을 섬기느냐로 결정하신다. 슬프게도 2000년 전 "누가 크냐"라는 제자들의 다툼은 오늘날에도 교회 안에서 목사, 장로, 집사, 권사들 사이에서 계속되고 있다. 누구나 다 지도자, 영향력이 있는 사람, 결정권을 휘두르는 사람이 되기를 원한다. 평생 단 한 번도 종이 되지 않고 교회 다닐 수도 있다. 과연 우리가 종의 자세를 가졌는가를 어떻게 알 수 있는가? 마태복음 7:16을 보자. "그의 열매로 그들을 알찌니 가시나무에서 포도를 또는 엉겅퀴에서 무화과를 따겠느냐"라고 했다. 열매로 알 수 있다.
> ① 진실한 청지기는 낮은 자세를 유지한다. ② 진실한 청지기는 자신을 유용한 위치에 둔다. ③ 진실한 청지기는 자신보다는 다른 사람을 더 생각한다. ④ 진실한 청지기는 다른 사람의 필요를 돌아본다. ⑤ 진실한 청지기는 현재 가지고 있는 것으로 최선을 다한다. ⑥ 진실한 청지기는 작은 일에 성실하게 임한다. ⑦ 진실한 청지기는 주어진 일에 끝까지 충성한다. ⑧ 진실한 청지기는 주어진 일에만 집중한다. ⑨ 진실한 청지기는 자신이 주인이 아님을 안다. ⑩ 진실한 청지기는 사역을 의무가 아닌 기회로 생각한다.

부록

부록 1
안내위원 사역에 관하여

1. 안내위원이란 성도들이 경건한 예배를 드릴 수 있도록 준비하는 예배위원 사역자이다.

2. 안내위원의 자격

1) 사명감을 가진 자
2) 미소와 친절 은사(재능)가 있는 자
3) 주일 성수 하실 자분
4) 친절과 미소와 온화함으로 교인을 섬길 자

3. 안내위원의 가치

1) 교회의 부흥은 안내자들의 미소에 달려있다.
2) 예배드리러 온 자들에게 좋은 인상을 주게 된다. 방문자는 예배가 시작하기 전에 이미 교회를 평가하기 시작한다. 예배는 방문자들에게 친근감을 주어야만 한다. 릭 워렌은 교회 방문 후 12분이면 첫인상이 결정된다고 하였다.

4. 안내위원의 임무

1) 일주일간 기도 중에 준비해야 하며, 적어도 예배 시작 30분 전에 교회에 도착한다.
2) 미소, 친절함, 공손한 자세, 반가운 태도, 감사한 마음 등은 안내자의 생명이다.
3) 항상 단정하고 건전한 복장을 하고 해야 한다. 필요하면 공손한 자세로 주보를 제공한다.
4) 예배당을 절 정돈하며, 실내의 온도, 조명 음향, 정돈상태 등의 환경을 살피어 담당자의 협조를 구하며, 예배자들에게 평안한 분위기를 제공한다.
5) 성도들을 예배실 안까지 안내하여 앞자리부터 앉도록 한다. 그러나 강요하지는 말아야 한다.
6) 어린 자녀와 함께 온 성도들에게 유아실과 어린이 예배실을 안내한다.
7) 예배 시작 전 예배실 안에서 호들갑스러운 인사나 잡담을 정중히 금지하게 한다. 물론 안내위원 상호 간에 불요불급한 대화를 삼간다.
8) 예배 도중 예배실 안과 밖에서 일어나는 예배의 방해 요소들(어린아이의 떠듦이나 울음)을 즉시로 그러나 정중하게 제거한다.
9) 껌과 과자류 같은 음식물이나 커피, 콜라와 같은 음료수의 예배실 반입을 삼가도록 적극 권면한다.
10) 안내위원은 기도 시간에도 주변에서 일어나는 변화에 민감하

게 대처해야 하며 예배를 방해하는 행위나 도난 등의 사고를 경계해야 한다.

11) 새신자를 잘 안내하여 그들이 어색해하지 않게 하며, 본인의 동의를 얻어 새 교우 환영 카드를 작성한다.

12) 필요하면 다음과 같은 문구를 자막 방송이나 영상, 음향 팀의 협조를 받아 공지한다.

① 예배 중에는 휴대전화기를 꺼 주시기 바랍니다
② 유아를 대동한 성도는 유아실에서 예배를 드립니다
③ 예배당 안으로 음식물 반입을 삼가해 주십시오.
④ 앞자리 그리고 중앙부터 앉아주시기 바랍니다.

13) 폐회 후에는, 남은 주보와 각종 헌금 봉투를 정돈하고, 혹 성도들이 놓고 간 물건을 수집하여 사무실로 가져다가 보관한다.

14) 안내위원은 "안내" 표를 왼쪽 가슴에 부착한다.

15) 가능하면 건물 밖에까지 나가 환영 및 배웅 인사를 한다.

5. 교회성장은 목회자 혼자의 힘으로 이루어지는 것은 아니다. 목회자와 평신도가 함께 하나님 나라 확장을 위해 섬기고 힘을 다할 때 일어난다. 안내위원은 교회 성장의 가장 중요한 평신도 사역이다.

부록 2
대표기도에 관하여

1. 대표기도란?

1) 하나님을 향한 기도이다. 하나님을 경외하는 마음의 두렵고 떨림이 있어야 한다.

2) 회중 전체를 대표하는 기도이다. 회중의 공통된 관심사와 목적한 바가 반영되어야 한다.

3) 제사장적 중보기도이다. 회중 전체가 그 기도에 동참하고 집중하도록 해야 한다.

2. 대표기도의 효과

1) 대표기도는 하나님의 임재를 느끼게 한다.

2) 대표기도는 회중에게 은혜를 준다.

3) 대표기도는 그 예배의 분위기에 절대적인 영향을 준다.

4) 대표기도는 그 교회의 얼굴이다. 교회의 수준을 드러낸다.

5) 대표기도는 방문자가 교회에 대하여 갖게 되는 첫인상을 좌우한다.

3. 대표기도에 대한 오해

1) 자기를 들어내는 것이다. (아니다.)
2) 개인기도이다. 자기감정의 표현이다. (아니다. 개인의 감정이나 흥분이 드러나서는 안 된다.)
3) 문학적인 미사여구이어야 한다. (아니다. 지나친 미사여구로 기도 내용을 꾸미지 말아야 한다.)
4) 웅변이다. (아니다. 목소리, 논조, 논리의 문제가 아니다.)

4. 대표기도의 핵심 요소

1) 하나님에 대한 찬양과 감사
2) 죄의 고백과 용서의 간구
3) 그 예배(모임)에 참여한 회중 전체의 염원과 소망을 담은 간구
4) 기도를 들어 주실 것에 대한 신뢰와 확신
5) 대표기도를 하는 그 상황(예배)과 설교자에 대한 간구
6) 예수님의 이름으로 마무리

5. 대표기도의 내용 표현은?

1) 내용에 있어서 두서가 있고, 단어 선정에 있어서 충분히 절제되고 꾸며지고 준비된다. 표준말 단어와 교양 있는 단어를 사용한다. 어려운 단어의 사용을 절제한다.
2) 발음이 분명해야 하며, 말이 너무 빠르거나 느리게 하지 말아야 하며, 너무 고음이거나 저음이어서도 안 된다.

3) 고발, 공갈, 저주, 탄원, 원성, 설교, 광고 등이 기도 내용에 포함되지 않는다.
4) 긍정적인 차원에서 표현해야 한다. ("협조하는 사람이 없습니다" 대신에 "협조하는 사람이 많게 하여 주옵소서")
5) 표현에 있어서 객관성을 유지한다. 정치적 선호나 특별한 이슈에 관한 자신의 평가가 포함되지 않도록 한다.
6) 중언부언을 금한다. 무의미하게 반복되는 단어를 제거해야 한다. ("아버지" "전능하신" "엄")
7) 예배에 참석하는 사람들이 이해할 수 있는 보편적인 내용이어야 한다. 개인의 신상에 관한 내용이 너무 구체적으로 언급되지 않도록 한다.
8) 한 주제는 될 수 있으면 한 문장으로 마무리한다.
9) 일인칭 대명사보다는 일반화시킨 대명사를 사용한다. ("제가" - "저희가", "내가" - "우리가")
10) 그 예배와 모임의 목적에 맞는 내용이어야 한다. 식사 기도는 짧게 식사와 관련되어야 한다.

6. 대표기도 시 고려사항

1) 대표기도는 일반적으로 짧게 한다. 3분 정도가 좋으며 길어도 5분을 초과하지 않는다. 예배시간은 정해져 있으며, 또한 은혜로운 기도도 길어지면 그 은혜가 사라진다.
2) 가능하면 원고 기도를 하도록 한다. 원고가 한 페이지를 넘지 않

도록 한다. 원고가 한 페이지가 넘어가면 페이지를 넘길 때 소음이 나지 않도록 매우 유의한다. 때로 페이지를 넘기는 소리가 마이크를 통해 회중에게 전달됨으로 인해 은혜가 반감될 수도 있다.

3) "기도하겠습니다"와 같은 말은 불필요한 말이다. 왜냐하면, 이미 회중이 기도 준비를 하고 있기 때문이다.

4) 강대상에서 마이크를 만지거나, 실험해보거나, 너무 가까이 마이크를 입에 댈 필요가 없다.

5) 정확한 타이밍에 마이크 앞에 서서 기도를 시작한다.

6) 대표 기도자는 충분한 휴식을 취하고, 영적인 상처를 입지 않도록 매우 조심한다.

7) 특별히 주일예배 대표 기도자는 복장과 외모는 용모단정하게 최대한 깔끔하고 정결하게 한다. 피곤한 모습이나 단장되지 않은 외모는 결코 대표 기도자로서 은혜롭지 못하다.

8) 시중에 많은 대표기도에 관한 안내서들이 나와 있다. 깔끔하고 정돈된 대표기도를 위해 노력한다.

7. 성경 속에 나타난 대표기도의 예

1) 성전 건축을 위한 다윗의 기도(삼하 7:18-29)
2) 솔로몬의 성전봉헌 기도(왕상 8:22-53)
3) 백성의 죄를 회개하는 에스라의 기도(스 9:6-15)
4) 포로 생활 중에 민족을 위한 다니엘의 기도(단 9:4-19)

5) 예수 그리스도의 중보기도(요 17:1-26)

8. 원고 기도에 관하여

1) 어떤 사람들은 원고 기도를 성령의 인도함을 거절하는 불경스러운 것으로 생각하기도 한다. 그러나 대표기도의 경우에는 여러 가지를 고려해야만 한다. 우선 대표기도는 짧으면서도 꼭 해야 할 기도 내용을 균형 있게 언급하는 정갈함이 있어야만 한다. 그런데 짧으면서도 균형 있는 기도를 할 수 있는 대표 기도자는 그렇게 많지 않다.

2) 설교자와 성가대는 한 번의 예배를 위해 여러 번 연습하며 준비한다. 대표기도도 마찬가지이다. 대표 기도자 역시 예배의 중요한 순서를 담당한 사람이기 때문에 준비되지 않은 기도로 기도에 임해서는 안 된다. 만일 준비가 되지 않은 채로 기도하게 되면, 같은 말을 반복하거나, 경건치 않은 말을 사용하거나, 너무 길게 하거나, 아니면 꼭 기도해야 할 내용을 빠뜨리는 실수를 할 수 있다. 이렇게 되면 그는 대표기도를 최선을 다해서 했다고 할 수 없다.

3) 이러한 차원에서 볼 때, 여러 번 기도를 써보고 또 고쳐서 준비된 기도를 하는 것은 바람직하다. 원고 기도의 경우에 할 수 있으면 원고를 안 보고 기도할 수 있을 정도로 준비를 하면 더 좋다. 그러나 기억력이 좋지 않거나, 실수할 가능성을 생각해서 원고를 보고하는 것이다.

4) 단, 원고 기도 시 문제점은 지나치게 원고에 매달려서 원고를 읽는 티가 지나치게 드러나는 점이다. 이렇게 되면 기도는 인위적인 것이 되어 은혜롭지 못한 기도가 될 수 있다. 그렇기에 어떤 사람들은 원고를 보고 기도하는 것을 불경하게 생각하는 것이다. 그들은 원고 없이 하나님께서 주시는 대로 성령의 인도를 따라 기도에 임해야 한다고 생각한다. 그러나 이 경우 성령을 의지한다는 이유로 준비가 부족하고, 또 긴장하여 정돈되지 못한 기도로 오히려 은혜가 없을 수 있는 위험이 대단히 많다.
5) 대표 기도자들은 실제로 자기 기도를 녹음하거나 녹화해서 점검해보는 것이 필요하다.

부록 3
직분자들이 대화하는 방법에 관하여

사람은 만남을 통해서 성숙한다. 그 만남은 진실한 대화를 통해서 이루어진다. 그래서 대화하는 방법을 우리는 습득해야만 한다.

1. 말보다 묵상을 많이 하라. 묵상 없는 말에는 진실이 담기기 어렵다.
2. 입보다 귀를 많이 사용하라. 듣고자 함이 없는 말에는 만남을 이루지 못한다.
3. 토론보다 마음이 많이 남도록 하라. 영적 대화는 옳고 그름을 분별하기보다 마음을 나누는 것이다.
4. 말꼬리를 잊기보다는 질문을 많이 하라. 타인의 삶과 경험과 지식을 존중하고 그의 말을 듣고 질문을 던질 때 배울 수 있으며 영적 성장이 이루어진다.
5. 남의 이야기보다 나의 고백을 많이 말하라. 오직 나의 고백을 통해서만이 영적 성장을 가져올 수 있다.
6. 지식보다는 삶을 많이 대화의 소재로 사용하라. 지식의 확장보다 삶을 나눔으로 영적 성장을 가져올 수 있다.
7. 이 모든 것 위에 사랑을 더하라. 사랑만이 대화와 만남을 완성해 줄 수 있기 때문이다.

부록 4
교회 회의 진행에 관하여

1. 회의 진행 순서

1) 개회 선언 : 정족수 확인과 개회 선언 (정족수 미달 시 의장은 유회를 선언하며, 이때 다음 회의의 일시와 장소가 정해져 있지 않으면 정족수 미달과 관계없이 이를 정할 수 있다. 의장이 선출되어 있지 않을 경우에는 개회 선언을 한 사람이 주재하여 임시 의장을 선출하며, 임시 의장은 곧 정식 의장과 회의 관계자를 선출하여야 한다.)

2) 의장 인사

 ① 의장의 인사말은 되도록 짧게 하고, 말하는 내용은 어느 쪽에도 기울지 않고 모두가 옳다고 여길 수 있어야 한다.

 ② 의장은 지난 회의 이후 긴급한 문제가 생겨서 의장 독단으로 처리한 일이 있으면, 그에 대하여 보고하고, 회의에서 승인을 받아야 한다.

3) 전 회의록 승인

 ① 전 회의록을 서기가 낭독한 후 의장은 회원을 향하여, "지금 낭독한 전 회의 회의록에 빠진 것이나 정정할 점이 있습니까?"하고 물어야 한다.

 2) 이의가 없으면 의장은 "이의가 없으므로 회의록은 승인되었습

니다." 하고 선포한다.
3) 틀린 곳이나 빠진 것이 있으면, 회원은 그것을 고칠 것을 요청하고, 의장은 고친 후 회의록 승인을 선포한다.
4) 승인된 회의록에는 의장과 서기 또는 총무가 서명한다.
5) 회의록을 승인하는 시기는 다음 회의의 의장 인사 직후에 하는 것이 일반적이나 다음과 같은 경우도 인정할 수 있다.
   ① 다음 회의로 미루지 않고 회의가 끝날 무렵에 하는 경우
   ② 위원회에 승인권을 일임하는 경우
   ③ 회의록 사본을 배부하여 회원들의 이의 유무를 확인하는 경우
4) 보고 사항
5) 의안 보고 및 채택 (의안 순서를 바꾸자는 동의와 제청이 있으면 토론 없이 표결로 처리한다.)
6) 의안 심의
   ① 의장이 의안을 상정한다.
   ② 제안 설명을 한다.
   ③ 질의응답을 한다.
   ④ 찬반 토론을 한다.
   ⑤ 표결에 붙인다.
   ⑥ 표결 결과를 발표한다.
7) 폐회 : 의사 일정이 모두 끝났을 때나, 예정되었던 폐회시간이 되면 회원들로부터 회의시간을 연장하자는 동의가 없는 한 폐

회를 선포할 수 있다.

2. 의장이 알아두어야 할 일

1) 의장의 책임 : 의장은 회의의 대표자로서의 권위를 갖으며, 회의를 성공적으로 진행시켜야 하는 책임이 있다. 의장은 모든 회의 규칙이 잘 지켜지도록 하면서도 의사 처리를 신속하고 원만하게 진행하기 위하여 다음 사항에 유의하여야 한다.

① 모든 의안은 정당한 절차를 밟아서 되도록 신속하게 처리한다.

② 모든 회의규칙과 아울러 필요한 예절을 지킨다.

③ 일반적인 회의규칙이나 그 회의에서 마련한 여러 규칙에 대하여 잘 알아야 하며, 필요할 때에는 언제나 참고할 수 있는 참고 자료를 준비하여 둔다.

④ 회의 도중에는 회원들이 아무리 흥분하더라도 냉정한 태도로 이를 진정시킨다.

⑤ 부드럽고 여유 있게 회의를 진행시키면서 소심한 회원들에게는 용기를 주고, 지나치게 발언이 많은 회원은 이를 적절히 억제한다.

2) 의장의 태도 : 의장은 모든 회원들의 존경과 신임을 받을 수 있는 높은 인격과 부드러운 태도를 유지한다. 의장의 품위 있는 태도는 다음의 여러 가지 면에서 나타난다.

① 성실하게 직무를 수행하는 모범을 보인다.

② 겸손하고 양보하는 마음을 가지고 회원들의 인격을 존중한다.

③ 인내심을 가지고 회의를 온화하게 진행한다.

④ 공정성을 가지고 모든 회원의 신임을 받도록 한다.

3) 의장의 임무

① 개회 선언 : 정족수 확인 후 개회 선언

② 의장의 자세 : 기립 상태, 앉은 상태

③ 발언권자 지명 : 2인 이상이 동시에 발언을 요구하였을 때는, 상정된 의안 제출자가 아직 발언하지 않았을 경우 먼저 발언권을 주며, 토론 시에는 바로 전에 발언한 내용과 반대 의견을 가진 듯한 회원에게 먼저 발언권을 준다.

④ 발언 질서 유지

⑤ 발언 내용의 조정

⑥ 재청 유무 확인

⑦ 발언 권유

⑨ 여러 가지 선언

4) 의장의 직권

① 부당한 제안의 거부

② 발언 중지

③ 회의 진행 방해자의 퇴장 조치

④ 정회 또는 폐회 선언

⑤ 회의록 서명

⑥ 의사 정족수의 관리

3. 동의의 처리 과정

1) 동의의 의미 : 동의란 회원이 어떤 의견을 일정한 형식을 갖추어 제안하는 것으로서, 회의가 어떤 의사를 표명하도록 한다던가, 어떤 조처를 하도록 하자고 회의에 공식적으로 의견을 제출하는 것이다. 동의는 반드시 '무엇을 어떻게 하자'는 식으로 구체적인 실행 내용이 있어야 한다.

2) 동의 처리의 우선순위 : 동의는 원 동의와 이를 처리하는 과정에서 제출되는 부동의로 구분된다. 여러 부 동의들이 한꺼번에 제기되면 심의의 질서를 잃기 쉬우므로, 일정한 형식과 절차에 따라 제출된 부동의를 하나씩 처리하여야 한다.

3) 동의의 성립 (의안에 대한 재청) : 동의는 원칙적으로 재청이 있어야 한다. 이것은 동의의 난립을 방지하기 위한 것이다. 일반적으로 재청할 때는 발언권이 필요 없으며, 일어서서 말하지 않아도 된다.

4) 동의의 상정 (부의)

5) 제안 설명 (제안자가 설명)

6) 질의 (의장에게 질의 제안자가 응답)

7) 토론

8) 표결

4. 회의록의 작성

1) 회의록 작성의 필요성 : 회의록은 회의가 시작되어 끝날 때까지 회의에서 처리한 모든 사항을 회원에게 알리고, 기록으로 남겨 두기 위해서 작성한다. 회의가 모두 끝나면 시기, 또는 회의 진행을 보좌한 사람은 회의 결과를 자세하게 기록하여 의장에게 보고하고 회원들에게 이를 알려 준다.

2) 회의 내용은 자세하고 명료해야 하며 보통 다음과 같은 사항을 기록한다.

① 단체의 이름과 회의의 종류
② 회의 일시와 장소
③ 회의에 참석한 회원의 범위와 수
④ 개회 시각과 폐회 시각
⑤ 의사일정
⑥ 제안자와 제안 설명 내용
⑦ 질문자와 질문 내용 및 답변자와 답변 내용
⑧ 토론 참가자와 토론 내용
⑨ 결정된 안건과 그 내용
⑩ 표결 처리한 결과
⑪ 의장과 임원 및 서기의 서명
⑫ 기타 필요한 사항

5. 회의 시 발언자의 자세

1) 발표 내용을 기도 중에 미리 작성한다. 즉흥적인 제안이나 발언을 자제한다.
2) 특정인을 바라보거나 손가락질하면서 발언하지 않는다.
3) 감정적으로 되어 특정인의 이름을 거론하거나 특정 이슈에 대해 감정적으로 발언하지 않는다. 내뱉는 투의 발언을 금해야 한다.
4) "회의는 회의다"라는 사실을 인정한다. 설교나 도덕적 훈계를 통해 특정인을 질타하거나 분위기를 책망하지 않는다. 철저히 자기 의견만을 차분하게 발언해야 한다.
5) 발언 내용에 대한 요점이 분명해야 한다.
6) 발언 시 의장의 권유나 제재를 인정해야 한다.